MOEWIG SATIRE

Manfred Taut

James Bomb
006 jagt Graf Dracs

MOEWIG SATIRE

MOEWIG Band Nr. 4845
Moewig Taschenbuchverlag Rastatt

Umschlagentwurf und -gestaltung: Werbeagentur Zeuner, Ettlingen
Verkaufspreis inkl. gesetzl. Mehrwertsteuer
Auslieferung in Österreich:
Pressegroßvertrieb Salzburg, Niederalm 300, A-5081 Anif
Printed in Germany 1986
Druck und Bindung: Elsnerdruck, Berlin
ISBN 3-8118-4845-3

1

Als Bomb die Tür zu M's Vorzimmer aufstieß, fiel sein Blick auf Miß Pimpermoney, die, neben ihrem Schreibtisch stehend, die Röcke hob und sich die Nylons festmachte.

Er sah hochhackige Ferrogano-Pumps, schlanke Fesseln, sanft geschwungene Waden, entzückende Knie und prachtvolle Schenkel. Über dem dunkleren Saum der Strümpfe endlich lag die nackte, rosig schimmernde Haut, eingebettet in den aufreizenden Rahmen der Strumpfbänder.

Obwohl Bomb die Nacht mit einer caramelfarbenen Schlangentänzerin verbracht – er hatte das langbeinige Geschöpf mit dem tiefen Nabelkelch in einem Varieté am Piccadilly Circus aufgelesen, es mit Krimsekt in seine Wohnung gelockt und mit erbsengroßem Kaviar mürbe geschossen – und sich noch vor wenigen Minuten wie eine leergeschlürfte Auster gefühlt hatte, spürte er jetzt erneut Erregung in seine Lenden steigen.

Diese verflixte Pimpermoney, dachte er. Es wird höchste Zeit, daß ich die mal näher befasse. Er wußte eigentlich verdammt wenig über sie. Ein Verhältnis mit M hatte sie bestimmt nicht. Vielleicht hatte sie irgendeinen Kerl, mit dem sie sich am Wochenende auf den Rücksitzen eines Sportwagens oder in einem quietschenden Bett eines Motels vergnügte.

Miß Pimpermoney bemerkte, wie ein sinnlicher Zug die

schmalen, grausamen Lippen Bombs zu umspielen begann und errötete. Eine dunkle Woge breitete sich langsam vom Ansatz ihres honigblonden Haares bis zu den herausfordernden Halbkugeln ihrer Brüste im Ausschnitt der leichten Chiffonbluse aus. Noch immer stand sie erstarrt im Banne von Bombs Schlangenblick, in der gleichen intimen Haltung wie bei seinem überraschenden Eintritt.

„Einen Penny für unsere Gedanken", sagte Bomb grinsend.

„Das Geld wäre zum Fenster rausgeschmissen", erwiderte Miß Pimpermoney. „Meine Gedanken kenne ich, und Ihre kann ich wie in einem aufgeschlagenen Buch lesen."

„Ich wußte gar nicht, daß Sie schmutzige Bücher lesen", sagte Bomb. „Sie überraschen mich, Pimpy."

Miß Pimpermoney seufzte. „Wann werden Sie endlich vernünftig, James?"

„Solange Sie Ihre Blöße nicht bedecken, habe ich keine Chance", sagte Bomb. „Und wenn Sie das nicht bald tun, werde ich Ihren Schreibtisch zu einem Zweck entfremden, für den ihn das Ministerium bestimmt nicht vorgesehen hat."

Mit einem Aufschrei schlug M's Sekretärin die Röcke herunter.

„O James", sagte sie verzweifelt, „manchmal hasse ich Sie!"

„Hassen?" erwiderte Bomb, wobei sich das Satyrlächeln seiner grausamen Lippen verstärkte. Er trat nahe an Miß Pimpermoney heran, so nahe, daß sein Oberkörper fast die schwellenden Hügel in ihrer Bluse berührte. „Das müssen Sie mir zeigen, Pimpy, wie Sie mich hassen. Vielleicht heute abend – oder haben Sie schon etwas vor?"

Über M's Tür begann das grüne Licht zu blinken, das anzeigte, daß der angemeldete Besucher eintreten solle.

„Ich nicht", sagte Miß Pimpermoney, indem sie tief einatmete, so daß die von Bomb erwünschte Berührung zustande kam. „Im Gegensatz zu Ihnen, James, fürchte ich. M hat etwas Eiliges für Sie. Gehen Sie hinein!"

Unwillig löste sich Bomb von Miß Pimpermoney.

Aufgeschoben ist schon halb reingeschoben, dachte er und eilte durch die Tür zum Allerheiligsten.

2

„Setzen Sie sich, 006", sagte M.

Bomb ließ sich vorsichtig auf dem wackligen Besucherstuhl vor dem Schreibtisch nieder.

Wieder einmal saß er diesem Mann mit den blaugrauen kalten Augen gegenüber, dem er schier bedingungslos gehorchte; wieder einmal blickte er in das wettergegerbte hagere Seemannsgesicht mit den vielen Falten und Winkeln, das er so gut kannte. Und wieder einmal richtete Bomb seinen treuherzigen Dackelblick – der sich im jahrelangen Staatsdienst als vorteilhaft erwiesen hatte – erwartungsvoll auf den Mund seines Herrn und harrte auf dessen Befehl.

„Sie sehen mitgenommen aus, James", sagte M tadelnd.

Bomb erschrak. Sah man ihm diese Nacht so an? M billigte seine Weibergeschichten zwar nicht, aber er ging meistens darüber hinweg, ohne sie zu erwähnen.

Bomb hatte heute morgen wie immer seine zwei Tassen extra starken Kaffee von De Bry getrunken, schwarz und ohne Zucker, das frische braunschalige Ei in dem dunkelblauen Minton-Eierbecher mit dem goldenen Rand war genau drei Minuten gekocht gewesen. Das alles hatte also nicht geholfen, ihn wieder aufzumöbeln. Er würde es mal mit Maxwell probieren müssen oder die Eiersorte wechseln und das Ei nur zweieinhalb Minuten kochen lassen.

Es war überhaupt ein scheußlicher Morgen gewesen. Die Schlangentänzerin war er nur sehr mühsam losgeworden. Sie hing nach dem Erwachen mit der Kraft einer Boa constrictor an seinem Hals, aber das war wohl berufsbedingt. Dann war noch das vierlagige Toilettenpapier zu Ende gegangen, und schließlich war der betagte Bentley nicht angesprungen, so daß Bomb mit dem Bus ins Büro fahren mußte. Es gab solche Tage, an denen alles schieflief.

„Ich sagte, Sie sehen mitgenommen aus“, wiederholte M ungeduldig.

Bomb schreckte aus seinen Gedanken auf.

„Wie – wie meinen Sie, Sir?“ stammelte er.

„Es ist wohl spät geworden?“ fragte M süffisant.

„Jawohl, Sir“, sagte Bomb zerknirscht. „Der Innendienst reibt mich auf, ich bin das nicht gewohnt. Ich habe heute nacht noch lange zu Hause gearbeitet.“

M griff nach seiner Pfeife und begann sie umständlich zu stopfen. Dann entzündete er sie bedächtig und begann große Rauchwolken zu produzieren. Bomb mußte husten. Es war ein scheußliches Kraut, was M da verpaffte. Es roch wie eine Mischung aus Senfgas und verbranntem Steak und wurde bei Dunhill speziell für ihn gemischt. Bomb trieb es das Wasser in die Augen.

„Na ja.“ M schien gerührt, als er Bombs Tränen sah. „Das ist jetzt vorbei. Für eine Weile werden Sie keine Akten mehr zu Hause aufarbeiten müssen. Ich habe einen neuen Auftrag für Sie."

„Wirklich, Sir?" rief Bomb.

Er griff nach M's Hand und bedeckte sie mit dankbaren kleinen Küssen.

„James", sagte M unwillig, wobei er aber ein nachsichtiges Lächeln nicht ganz unterdrücken konntc, „Dienst ist Dienst, und Schnaps ist Schnaps!"

„Verzeihung, Sir", sagte Bomb beschämt.

„Also hören Sie zu", sagte M. „Sie müssen nach Personien. Die Amerikaner haben uns wieder einmal um Hilfe gebeten. Ich weiß zwar nicht, warum wir denen immer wieder die Kastanien aus dem Feuer holen, aber das liegt uns Engländern wohl so im Blut, wir mit unserer verdammten sentimentalen Uneigennützigkeit."

Er stand auf und trat vor die Weltkarte, die hinter seinem Sessel an der Wand hing.

Er hatte furchtbar ausgebeulte Hosen.

Sein Zeigefinger deutete auf den Vorderen Orient.

„Wie Sie wissen, ist Personien für unser westliches Verteidigungssystem von großer strategischer Wichtigkeit. So nahe am Eisernen Vorhang gelegen, ist es der vorderste Radar- und Raketenstützpunkt der Alliierten. Sein Verlust wäre eine eminente Schwächung unserer Verteidigungskonzeption. Noch ist zwar der personische Kaiser, der Shuh, und die derzeit hinter ihm stehende Regierung prowestlich gesinnt, aber es sind starke oppositionelle Kräfte am Werk, die die Nato-Raketen aus dem Lande haben wollen."

Bomb nickte zustimmend. Der Shuh und seine Shubanuh waren die Lieblingskinder der Massenblätter und Sonntagszeitungen. Das Märchenpaar hatte vor eineinhalb Jahren geheiratet, aber der sehnlichst erwartete Thronfolger hatte sich noch nicht eingestellt. Das Herzeleid dieser Familie wurde allwöchentlich von den Leuten mit Wonne gefressen.

Als hätte er Bombs Gedanken erraten, fuhr M fort: „Sie wissen, daß die Stellung des Shuhs, solange kein Thronfolger in Sicht ist, nicht die beste ist. Ein Teil des Volkes hängt wohl noch an der Monarchie, aber wenn sich kein Erbe einstellt, wird dieser Teil wankelmütig und die Opposition stärker.

Das Folgende, 006, fällt unter strengste Geheimhaltung: Wir wissen aus sichersten Quellen, daß die Schuld der Kinderlosigkeit nicht bei der Shubanuh liegt. Der Shuh leidet nämlich, wie wir erfahren haben, seit ungefähr zwei Jahren an einer rätselhaften Auszehrung, einer mysteriösen Art von Blutarmut, so daß man munkelt, die Hochzeit wäre noch gar nicht vollzogen worden. Er ist zu schwach zum... Äh, Sie verstehen?“

Manchmal war M von einer altjüngferlichen Prüderie. Bomb blickte ihn mit ungläubigen Augen an.

„Ja“, sagte M verlegen, „so ist das. Wenn die Shubanuh guter Hoffnung wäre, wären wir auch wieder guter Hoffnung... Sie verstehen, was ich meine?“ Bomb blickte verständnislos. „Man sollte nachhelfen“, sagte M ungeduldig. „Sie sollten – Sie sollten nachhelfen, 006.“

„Sie – Sie meinen, Sir“, stotterte Bomb, „ich soll...“

M wiegte bedächtig den Kopf.

„Ich gebe Ihnen keinen ausdrücklichen Befehl. Es gibt Dinge, die kann man nicht befehlen. Ich verlasse mich da ganz auf Ihr Gespür und Ihre Erfahrungen – äh – diesbezüglicher Art.“

Das hat man nun von seinem Ruf, dachte Bomb. Das war

vielleicht ein idiotischer Auftrag. M mußte komplett übergeschnappt sein.

„Es gibt noch andere Probleme", fuhr M fort. „Der Shuh steht völlig unter dem Einfluß eines gewissen Grafen Wladimir Dracs. Dieser Dracs, ein Herr von nebulöser Vergangenheit, ist Minister des Inneren und für besondere Aufgaben im personischen Kabinett. Er ist Besitzer riesiger Ländereien und eines Schlosses im Osten des Landes. Seine Finger hat er in fast allen dunklen Geschäften, sein Machteinfluß ist nahezu allgegenwärtig. Ganz schlimm ist, daß er auch im privaten Bereich mit dem Shuh zusammentrifft, der keine Ahnung zu haben scheint, welche Natter er da am Busen nährt. Wir haben allen Grund zu der Annahme, daß Wladimir Dracs ein Agent der östlichen Seite ist. Da er gleichzeitig Chef des personischen Geheimdienstes ist, spielt er wohl ein Doppelspiel. Der zweite Teil der Aufgabe ist es also, 006, diesen Mann unschädlich zu machen, mit welchen Mitteln auch immer. Sie werden noch heute nach Personien abfliegen."

M stand auf und trat ans Fenster, seine verbeulten Hosen schlotterten. Er winkte Bomb zu sich heran. Bomb blickte in den geräumigen Hof der Dienststelle hinunter und sah die langgestreckte Karosserie eines geduckten Sportwagens in der vormittäglichen Sonne glitzern.

Bomb pfiff anerkennend durch die Zähne. Das war immerhin ein Jensen FF allerneuesten Typs mit Vierradantrieb, unerreicht in Straßenlage und Fahrverhalten.

„Wie Sie wissen", sagte M, „ist der Shuh ein technisch sehr interessierter Mann, seine private Autosammlung ist weltberühmt. Unser Gewährsmann hat uns gemeldet, daß der Shuh an diesem neuen Jensen-Modell stark interessiert ist. Sie werden daher offiziell als Verkaufsdirektor der Firma Jensen auftreten und dem Shuh diesen Wagentyp vorführen. Ein Vorführwagen, der für diesen Zweck bereits in Personien für Sie bereitsteht, ist mit einem superstarken Kurzwellensender ausgerüstet, mit dessen Hilfe wir jederzeit in Verbindung bleiben können. Zu dieser Ausrüstung gehört auch ein Rufpilot, der sich in dieser Armbanduhr befindet. Er kontrolliert gleichzeitig über Sensoren Ihre gesundheitliche Verfassung."

M reichte Bomb einen normal aussehenden flachen goldenen Rollex-Chronometer.

„Auf der Unterseite dieser Uhr befindet sich ein feiner Stift. Wenn wir Sie aus London per Funk verlangen, so tritt dieser Stift in kurzen Abständen cirka einen Millimeter heraus und piekst Sie ins Handgelenk, das Zeichen für Sie, sich zum Wagen zu begeben und unsere Nachricht entgegenzunehmen. Probieren Sie mal!"

Bomb legte die Armbanduhr an, während M zum Telefon ging und die Funkzentrale anrief.

„Geben Sie einen Rufimpuls für 006!" befahl er.

Nach einem Augenblick spürte Bomb an seinem Handgelenk ein zehn Sekunden dauerndes Pieksen, so als drücke jemand in schneller Reihenfolge mit einem Reißnagel leicht in seine Haut.

„Die Intensität ist so berechnet", erläuterte M, „daß es Sie auch aus dem Schlaf weckt."

Hoffentlich sticht mich das Ding nicht, wenn ich gerade im schönsten Stechen bin, war Bomb versucht zu sagen, unterdrückte es aber, um M nicht zu reizen. Sein Chef fuhr fort: „In Anbetracht der Wichtigkeit Ihrer Aufgabe erwarte ich von Ihnen täglich einen detaillierten Bericht über den

Stand der Dinge. Sehr detailliert, James, Sie verstehen mich. Ausnahmsweise interessieren uns diesmal Ihre – intimen Erlebnisse in allen Einzelheiten. Stellen Sie sich einfach vor, Sie sprechen mit Ihrem Arzt über Ihre privateste Sphäre."

Bomb mußte grinsen. Da stand den Sekretärinnen in der Funkzentrale ja allerhand bevor.

„Unser Verbindungsmann am kaiserlichen Hof von Personien ist Oberst Ali Babus, Kommandeur der Leibgarde und Chef des personischen MAD. Er ist der jüngere Bruder der Shubanuh und damit der Schwager des Shuh. Er wird Ihnen soweit wie möglich behilflich sein. Selbstverständlich weiß er nur vom zweiten Teil Ihrer Aufgabe", sagte M. „Der erste – delikatere Teil bleibt streng unter uns."

„Selbstverständlich, Sir", sagte Bomb.

„Sie werden den heutigen Nachmittag dazu benutzen, sich von einem Werksingenieur in die Bedienung dieses Sportwagens einweisen zu lassen", fuhr M fort. „Also, Bomb, übernehmen Sie. Sollte diese Angelegenheit diplomatische Komplikationen oder einen gesellschaftlichen Skandal auslösen, so müßten wir leugnen, Sie zu kennen."

Das habe ich doch schon mal irgendwo gehört, grübelte Bomb. Er dachte nach, aber es fiel ihm nicht ein. Na ja, war ja auch egal.

M streckte ihm die Hand hin.

„Übrigens noch etwas, 006: Wenn Sie glauben, daß ich Ihnen das Märchen von Überstunden mit Akten zu Hause abnehme, sind Sie schief gewickelt. Der einzige Akt, den Sie gestern nacht in Ihrer Wohnung hatten, war der mit einer javanischen Schlangentänzerin. Was natürlich auch anstrengend ist."

„Aber – Sir", stammelte Bomb, „woher wissen Sie?"

„007 hat Sie gesehen“, sagte M schlicht.

Der große Bruder sieht alles – mein großer Bruder, dachte Bomb stolz, und sein Herz füllte sich von neuem mit Liebe und Verehrung für M.

3

Einen Moment stand die Maschine still, bevor der Pilot die Düsen hochtrieb, so daß sie durchdringend aufkreischten. Dann steigerte sie – Flug Nr. 132 der British Always über Rom, Athen, Istanbul nach Personien – ihre Geschwindigkeit, raste die Startbahn von Heathrow entlang und erhob sich vibrierend und schwankend in die Lüfte. Nach einigen bänglichen Minuten erreichte die Maschine eine Höhe von 8500 Fuß und flog in südöstlicher Richtung. Das laute Kreischen der Düsen hatte sich zu einem leisen Pfeifen gesenkt.

Bomb ließ sich beim Öffnen seines Sicherheitsgurtes von der langbeinigen Stewardeß helfen, dann griff er zu dem schmalen, teuer aussehenden ledernen Köfferchen zu seinen Füßen und nahm die Memoiren der Josefine Mutzenbacher heraus, die ihm die psychologische Sektion des Geheimdienstes als Reiselektüre empfohlen hatte. Der elegante Bordcase war vor Jahren von der Abteilung Q für ihn präpariert worden. Vorher waren ohne Rücksicht auf die gepflegte Handarbeit der Firma Swanie & Ademy 50 Schuß 38er Munition in zwei flachen Reihen zwischen dem Leder und dem Futter untergebracht gewesen. Bomb hatte das Munitionsdepot rigoros geleert und durch flache Candy-Riegel von Mars aufgefüllt.

In der Maschine saßen außer ihm noch zwölf Passagiere. Bomb lächelte, als er daran dachte, welche Ängste Miß Pimpermoney gehabt hätte, wenn sie gewußt hätte, daß sich 13 Passagiere an Bord befanden. Als er von M herausgekommen war, hatte sie erschrocken protestiert, als sie hörte, daß er ausgerechnet an einem Freitag fliegen mußte.

„Na gut", hatte sie dann resigniert zugestimmt „es ist schließlich Ihr Begräbnis. Noch dazu sind es die Nächte um Sankt Georg, wo sowieso alle bösen Geister unterwegs sind. Ich weiß zwar nicht, warum Sie nach Personien fliegen – nein, ich will es gar nicht wissen –, aber ich spüre dunkle Ahnungen in meinen Gliedern."

„Oh, diese süßen Gliederchen", hatte Bomb sie geneckt. „Dr. Bomb wird sie einmal gründlich untersuchen müssen, wenn er zurückkommt."

„Falls er zurückkommt", hatte sie wehmütig erwidert und ihm zum erstenmal einen liebevollen Abschiedskuß gegeben, so daß Bomb sich gefragt hatte, weshalb er immer in die Ferne schweifte, wo das Beste doch so nahe lag.

Die Maschine flog mit gleichmäßigem Brummen über den glasklaren Spiegel des Genfer Sees. Bomb starrte hinunter auf das schmutziggraue Eis des Mont Blanc. Er sah sich selbst wieder als siebzehnjährigen Jungen, wie er, das Führungsseil um die Taille geschlungen, an einer Felswand in den Aiguilles Rouges hing.

Und was war aus jenem Jungen geworden?

Bomb lächelte schmerzlich seinem Spiegelbild im Fenster zu. Wenn jener junge James Bomb ihm heute in der Bond Street begegnen würde, was würde er von ihm, dem Geheimagenten 006, halten? Würde er hinter der kühlen Fassade den alternden Mann erkennen, der von jahrelangem

Highlife, von zahllosen Affären und von unzähligen Gänseleberpasteten gezeichnet war? Diesen Mann mit den kahlen Stellen am Kopf, mit den Fingernagelspuren einer Javanerin am Rücken, mit den geröteten Augen eines Trinkers? Und wenn der Junge ihn erkennen würde, was würde er von Bombs jetzigem Auftrag halten? Was würde er von dem verlebten Geheimagenten sagen, der in einer makabren, ihm selbst höchst lächerlichen Sache unterwegs war? Der eine Frau verführen sollte, deren Bild er nur aus den Sonntagszeitungen kannte und die, soweit er das bis jetzt beurteilen konnte, nicht gerade nach seinem Geschmack war? Würde es ihm gelingen, seine Rolle so überzeugend zu spielen, daß er mit Erfolg rechnen konnte? Und würde ihm – das war seine Hauptsorge – seine Männlichkeit nicht den Gehorsam verweigern? Ein entsetzlicher Gedanke. Er zweifelte stark an einem Gelingen seiner Mission. Wie sollte heutzutage ein Mann in einem Bett glaubhaft wirken, wenn sein ganzer Sinn ausschließlich auf Nachwuchs gerichtet war?

Elba glitt tief unten vorbei, dann senkte sich das Flugzeug zum Anflug auf Rom. Nach einer halben Stunde papagallischen Lärms am Flughafen ging es weiter, über die adriatische Küste, über den Golf von Korinth, und als der Tag mit der Sonne schwand und der Berg Hymettos sich in tiefblauer Dämmerung erhob, hinunter zu einem Zwischenaufenthalt in Athen. Bomb verließ die Maschine, schritt hinüber zur VIP-Lounge und trat an die Bar. Seine Aufgabe im Auge, bestellte er ein großes Glas Milch. Er hing seinen Gedanken nach wie ein nervöser Bräutigam. Als der Lautsprecher zum Weiterflug aufrief, war es bereits dunkel. Die dünne Sichel des Mondes hing über den trüben Lichtern der Stadt. Die Abendluft war lau, erfüllt vom Duft ferner Hekkenrosen und dem Zirpen der Zikaden. Eine von weitem herüberwehende Männerstimme erinnerte Bomb schmerzhaft an M. Die Stimme war klar und traurig, und in ihrer Melodie schwang sehnsuchtsvolle Klage.

Bomb kletterte wieder die Treppe zur Kabine empor.

Der Flug über die Wasser der Ägäis und des Marmara-Meeres nach Istanbul dauerte nur siebzig Minuten.

Von Instanbul bis Personalia, der Hauptstadt und dem Regierungssitz Personiens, war es wiederum nur eine gute Stunde Flugzeit, die sich Bomb auf den Spuren der Mutzenbacherin vertrieb. Wenige Minuten vor dem Ziel seiner Reise leuchteten die roten Lichter zum Anschnallen auf.

Noch während dieser Botschaft bäumte sich die Maschine auf, um gleich darauf mit einem häßlichen Aufheulen der Triebwerke wieder durchzusacken. Der Himmel schwärzte sich schlagartig. Ein greller Strahl blauweißen Lichtes blitzte auf, gefolgt von ohrenbetäubendem Krachen. Die Maschine schlingerte, geschüttelt durch eine riesige unsichtbare Faust, die sie mit heimtückischer Gewalt gepackt hatte. Plötzlich klatschte es an den Fenstern der Maschine. Die Passagiere brachen in schrille Schreie des Entsetzens aus. Hunderte, Tausende von schwarzen Fledermäusen prallten mit weitgeöffneten Mäulern, in denen spitze Zähne funkelten, an die Fenster und den Rumpf der Maschine. Angst und Entsetzen machten sich breit.

Dreizehn Passagiere... Die Nächte um Sankt Georg!

Bomb dachte an Pimpermoneys Worte, und seine Hände auf den Seitenlehnen des Sitzes wurden feucht.

Wieder schüttelte die unsichtbare Faust die Maschine. Jetzt schienen Tausende von Vampiren auf sie einzustürzen. Das Flugzeug stöhnte unter dem Aufprall der Leiber.

Wie lange konnte sie noch standhalten, wie viele Flugstunden hatte die Mühle schon hinter sich? Bomb war sicher, sie würden Personalia nie erreichen. Soweit war es also gekommen. Diese Amerikaner mit ihren Scheißraketen...

Panik überfiel Bomb.

Da begann auf der anderen Seite des Ganges ein altes Mütterchen das Kreuz zu schlagen und zu beten. Sie murmelte die Gebete vor sich hin, ihre Finger glitten über die Perlen eines Rosenkranzes. Schlagartig wurde es heller.

Die Fledermäuse klatschten nur noch vereinzelt gegen die Fenster. Die Gewalt der unsichtbaren Faust ließ nach, die Maschine fing sich und glitt gleichmäßig tiefer.

Die Lichter der Rollbahn von Personalia tauchten aus der Nacht. Quietschende Reifenstöße beendeten den Flug.

Bomb stieg zusammen mit einer Handvoll schweigender und bleicher Fluggäste aus der Maschine.

In der Ankunftshalle trat ein mittelgroßer Mann mit dunklem Teint und gestutztem Schnurrbart zu Bomb. Er trug einen Staubmantel und eine Chauffeursmütze.

Er grüßte und sagte mit gedämpfter Stimme: „Die laue Nacht versinkt im Gewölk ragender Wipfel.“

Und Bomb antwortete weisungsgemäß: „Aber die Nornen dräuen mit schweigender Gebärde.“

Dabei kam er sich so idiotisch wie selten vor.

Ein Lächeln blitzte über den weißen Zähnen des Mannes auf.

„Ich heiße Ali Babus“, sagte er in ausgezeichnetem Englisch, nahm Bombs Koffer auf und ging voraus zu einem vor dem Eingang parkenden Wagen, dem funkelnagelneuen weißen Jensen FF Coupé, das Bomb vorausgeschickt war und das er dem Shuh vorführen sollte.

Bomb nahm hinter dem Steuer Platz, und sie verließen in rascher Fahrt nach den Weisungen des Oberst das Flughafengelände.

„Ich nehme an, Sie ziehen es vor, sich heute abend vom Flug auszuruhen", sagte Oberst Babus, als sie sich in den Fahrzeugstrom zum Zentrum eingliederten.

„Ich habe im Palace-Hotel für Sie ein Appartement bestellt. Ich komme morgen früh um neun Uhr zu Ihnen, um das Weitere zu besprechen."

„Sehr gut", sagte Bomb.

„Achtung!" schrie plötzlich der Oberst.

Bomb erkannte die Gefahr, schaltete blitzschnell herunter und riß das Steuer scharf nach rechts. Nur knapp schlitterten sie an der Haube eines feuerroten Alfa Romeo Zagato Coupés vorbei, das, von links mit hoher Geschwindigkeit aus einer Seitenstraße herausschießend, ihnen die Vorfahrt genommen hatte. Mit kreischenden Reifen raste der Alfa davon. Bomb hatte nur einen kurzen Blick in das Innere des Wagens werfen können. Auf den Vordersitzen erkannte er schemenhaft zwei schwarzgekleidete Frauen, ähnlich wie ein Ei dem anderen, mit langem, rotem, herabfallendem Haar.

„Verdammt..."

Ihm saß der Schreck noch in den Gliedern, als er mit schlotternden Knien weiterfuhr. „Fahren alle hier so verrückt?"

Der Oberst wiegte ernst den Kopf.

„Nicht alle", sagte er. „Aber vor denen, die es tun, müssen wir uns in acht nehmen."

Dann hüllte er sich in Schweigen und überließ es Bomb, über diesen vielsagenden Satz nachzugrübeln.

4

Am nächsten Morgen sprang Bomb um 7.45 Uhr aus dem Bett, absolvierte die obligatorischen 50 Liegestütze, schlug ebenso viele Karatelöcher in die orientalische Hotelatmosphäre und stellte sich kraftstrotzend unter die Dusche. Erst kochendheiß, dann eiskalt, weil's so der Brauch für harte Männer ist. Er bestellte sich ein Frühstück aufs Zimmer, das ihm seiner Aufgabe angemessen erschien. Es bestand aus einem großen Teller Porridge und Weizenkeimflocken, zwei Joghurts und einer Knolle süßsauerem Sellerie. Dazu eine Pampelmuse, so groß wie eine obere Hälfte von Sofia Loren, die Bomb voller Assoziationen verzehrte.

Als Ali Babus Punkt neun Uhr zu ihm hereintrat, saß Bomb mit einem Glas Tomatensaft auf der Altane seines Appartements. Von den Füßen, die in bequemen Slippern steckten, über die dunkelblaue Leinenhose und das ebenfalls blaue Baumwollhemd mit Achselklappen, bis zu seinem gebräunten, kantigen Gesicht mit den grauen Augen, dem energischen Mund und der widerspenstigen schwarzen Haarsträhne sah Bomb aus wie Daddy Distriktaufseher in der Flipper-Serie.

Ali Babus trug die Uniform eines Infanterieobersten der personischen Streitkräfte, eine kurzärmelige Militärjacke, Breecheshosen, hohe Stiefel und ein arabisches Kopftuch mit vier Vorhangtroddeln.

„Mister Woodpick?“ fragte er augenzwinkernd, und als Bomb nickte, schlug er grüßend die Hacken zusammen. „Oberst Babus meldet sich zur Stelle, Sir. Mir untersteht der königliche Wagenpark. Ich darf Sie bitten, den Seine Majestät interessierenden Wagen zunächst mir vorzuführen. Sie verstehen, Sir, die Sicherheitsvorschriften. Wenn Sie bereit sind, können wir sofort aufbrechen. Über die technischen Einzelheiten können wir uns im Wagen unterhalten.“

Er blickte vielsagend zur Decke.

Bomb verstand. Sicher waren hier irgendwo Mikrophone versteckt. Da er in der Nacht unter heftigen Blähungen gelitten hatte, war ihm das etwas peinlich. Immerhin besaß die Gegenseite jetzt einige typische Sonogramme von ihm. Er zwang sich, an etwas anderes zu denken.

„Gut, Oberst“, sagte er, „ich bin bereit. Der Wagen steht in der Hotelgarage. Wann werde ich Seiner Majestät den Wagen persönlich zeigen können?“

„Vermutlich gegen Abend“, sagte der Oberst. „Sie können jetzt so bleiben, wie Sie sind, erst am Nachmittag würde ich Ihnen empfehlen, sich umzuziehen.“

„Einverstanden“, sagte 006.

In der Garage kontrollierte Bomb, ob an beiden Türen, an der Motorhaube und am Kofferraum die Haare, die er gestern nacht dort befestigt hatte, unbeschädigt waren. Er nickte zufrieden, es war niemand am Wagen gewesen.

Kein Wunder, daß man in diesem Beruf allmählich kahlköpfig wird, dachte er, wenn man täglich auf diese Weise Haare lassen muß.

Bomb setzte sich ans Steuer. Als sie die Auffahrt in das grelle Sonnenlicht hinaufschossen, lehnte sich der Oberst erleichtert zurück.

„So, jetzt können wir ungestört reden. Was wollen Sie wissen? Ich stehe Ihnen zur Verfügung."

„Wann und wo treffe ich den Shuh?" fragte Bomb.

„Wie ich sagte, wahrscheinlich kommt er gegen 18 Uhr zum Wagenpark herüber. Ich nehme an, daß er mit Ihnen so ins Fachsimpeln kommt, daß er Sie zum Abendessen dabehalten wird."

„Wird Graf Dracs auch da sein?"

Die Miene des Obersten verdüsterte sich.

„Wahrscheinlich. Er kommt dreimal die Woche von seinem Schloß herüber, um abends mit dem Shuh und der Shubanuh und mir eine Partie Schwarzen Peter zu spielen."

„Schwarzer Peter?" fragte Bomb verblüfft. „Ist das nicht ein Kinderspiel?"

„In den Dimensionen, wie es im Palast gespielt wird, ist es alles andere als ein Kinderspiel", entgegnete der Oberst bitter. „Der Shuh hat dieses Spiel während seiner Internatszeit in England kennengelernt und es zunächst nur gelegentlich zum Vergnügen gespielt. Aber seitdem er Dracs zum Gegner hat, der die Einsätze in die Höhe treibt und fast immer gewinnt, ist er geradezu süchtig danach. Auch eine königliche Privatschatulle ist gegen wöchentliche Aderlässe von circa 50.000 Pfund nicht ganz unempfindlich."

„Und Dracs gewinnt immer?" fragte Bomb. „Das geht doch nicht mit rechten Dingen zu."

Der Oberst zuckte mit den Schultern. „Äußern Sie solche Vermutungen nicht öffentlich. Graf Dracs ist ein mächtiger Mann, Sie könnten es bereuen."

„Erzählen Sie mir mehr von Dracs", sagte Bomb. „Wie alt ist er?"

„Niemand weiß, wie alt er ist. Er hat ein undefinierbares

Alter. Wenn man ihn darauf anspricht, lacht er nur und sagt: ‚Sie würden es mir doch nicht glauben, wenn ich Ihnen mein wahres Alter verriete.'"

„Er ist nicht dauernd in der Hauptstadt?"

„Nein, er wohnt auf dem Stammschloß seiner Familie, ungefähr 200 Meilen von hier in den Bergen, unmittelbar am Eisernen Vorhang. Es liegt auf dem Gebiet der alten transsylvanischen Grenze. Es ist ein düsteres, wildes Land. Die Leute dort oben sind anders als wir, rückständiger, heidnischer und abergläubischer. Dracs besitzt dort riesige Ländereien. Wenn er hierherkommt – und das ist immer nach Sonnenuntergang –, benützt er einen Düsenhelikopter, mit dem er auf dem königlichen Flugplatz landet."

Sie fuhren die große Prachtallee hinunter, an deren Ende in der Ferne die Silhouette des königlichen Palastes auftauchte.

„Ist Dracs verheiratet?" fragte Bomb.

„Nein. Er ist verwitwet. Seine Frau ist schon vor langer Zeit gestorben. Er hat zwei Töchter, Zwillinge, doch niemand hat sie je hier in Personalia gesehen. Es gehen viele Gerüchte um ihn und seine Töchter um, aber das ist wohl alles Aberglauben."

Bomb war nachdenklich geworden.

„Und er gewinnt immer?" fragte er noch einmal.

„So gut wie immer."

„Hören Sie", sagte Bomb, „wenn Dracs heute abend auftaucht und wieder eine Partie Schwarzer Peter in Gang kommt, wäre es da möglich, daß ich an dem Spiel teilnehme?"

„Das läßt sich sicher machen", sagte der Oberst. „Aber haben Sie denn so viel Kapital, um mitzuhalten?"

„Keine Sorge“, sagte Bomb. „Ich werde nachher ein Brieftäubchen nach Old England flattern lassen, das mit einem hübschen kleinen Scheck im Schnäbelchen zurückkehren wird.“

5

Bomb war erregt. Mit einemmal reizte ihn die Aufgabe. Er hatte schließlich Blofeld, Goldfinger und Dr. No aufs Kreuz gelegt, da würde er diesen Dracs auch noch stolpern lassen. Sie waren am Ende der Chaussee angelangt und fuhren in das Palastgebiet ein. Nach Passieren einer dreifachen Postenkette kamen sie, vorbei an der märchenhaften Fassade des Hauptpalastes, zum königlichen Fuhrpark, der unmittelbar neben dem Flugplatz lag.

Sie stiegen aus. Der Oberst wies zu einer Reihe niedriggestreckter Hangars hinüber.

„Der Shuh hat 88 Privatwagen“, sagte er. „Wollen Sie sie sehen?“

Bomb, der Autonarr, brannte darauf.

„Gehen wir zunächst zu den Oldtimern“, sagte der Oberst. „Diese Wagen sind alle in erstklassigem Zustand. Seine Majestät kauft bei Erwerb eines Wagens alle Ersatzteile, vom Karosserieteil bis zur Schraube, dreifach. So ist jedes Fahrzeug, auch das älteste Baujahr, praktisch in neuwertigem Zustand.“

Bomb rannte von einem Wagen zum anderen. Da waren sagenhaft alte Silverclouds, langgestreckte Bugattis, würdevolle Mercedes-Benz. Glänzend und nach Lack duftend, standen sie in einer Reihe, als wären sie gerade erst durch die Schaufenster auf die Straße gerollt.

Hier war alles versammelt, wovon ein Autoenthusiast träumt.

Da gab es einen Packard 1930 Sport Phaeton, blaugrün, mit geheiztem Salzwasser-Swimmingpool und 1-Meter-Sprungbrett. Daneben stand ein Bugatti 35 C 1928 mit Snackbar, Sodawasserfontäne und Softeismaschine. Rechts davon ein whiskybrauner Ford T 4, ein Antiprohibitionsmodell mit vernickelter Destillationsapparatur und einem Doppelauspuff Kaliber 38. Des weiteren ein Cord Phaeton Sedan 1937, im Bodybuilding-Style, ganz auf Bullworker gefedert. Ein Düsenberg SJ, Modell Nashville-Tennessee, prunkte mit aufklappbarem Westernverdeck, die königlichen Initialen in die kalbsfellbezogenen Sitze gebrannt.

Bombs Augen vermochten all diese Herrlichkeiten kaum zu fassen.

Und welche Pracht erwartete ihn erst in der modernen Abteilung: Da gab es einen minkfarbenen Lincoln Continental Executive V 8, 7,6 Liter, 340 SSae-PS, mit Marmorkamin und vorgelagertem Sexpit. Des weiteren einen Mercedes Benz 600 Pullmann V 8, 6,3 Liter, 250 Din-PS mit keramischem Gartengrill von Philipp Rosenthal, Selb. Links davon ein sowjetischer Sul der Lichatschow-Werke mit Krimsektkühlung und kaviarroten Kanapees im zaristischen Stil für Spitzenfunktionäre. Und schließlich war da jener berühmt-berüchtigte Rolls-Royce Phantom V State Landaulette mit eingebauter Kristall-Doppelbadewanne aus Paris, die vor Monaten in der gesamten sozialistischen Weltpresse angeprangert worden war.

Sie gingen weiter.

In der Abteilung für Primitivwagen entdeckte Bomb einen Citroen CV 4 („Revolutionsente“) in Konterrot, als Kommunewagen karossiert, mit Feldbett und Hektographierpult, die getarnte Blechbar gut mit Molotow-Cocktails bestückt. Ferner gab es einen Folks-Protest-Wagen 1200 in Beatleform mit Gitarrenkotflügeln, Echokammern und eingelegten Griffbrettern. Des weiteren einen chinesischen Pe-King mit revolutionärem Antriebsaggregat, dem sogenannten Maotor, das heißt reichlich Platz unter der leeren Haube für vier bis sechs Rikschakulis, je nach Parteibuchnummer. In derselben Reihe stand ein südafrikanischer Burenwagen Marke „Apartheid“ in Saharagelb mit Starkstromsitzkissen und eingebauten Daumenschrauben in den Armauflagen. Und daneben ein westdeutscher Notstandswagen in Feldgrau, angetrieben von einer starken Grundgesetzverbrennungsmaschine, komplett ausgerüstet mit H-Bomben-Pflaster, Erste-Hilfe-Büchlein, Feuerpatsche und vier Maulkörben.

Bomb schritt von einem Wagen zum anderen, streichelte über Lack und Leder, schritt weiter, verharrte, kehrte zurück, um von neuem zu bewundern.

Die Zeit verflog. Endlich, nach einer guten Stunde, riß er sich von dieser einmaligen Sammlung los.

„Sie haben einen wunderbaren Posten, Oberst“, sagte er neiderfüllt. „Kaum getraue ich mich, Ihnen meinen Wagen noch vorzuführen.“

„Stellen Sie Ihr Licht nicht so unter den Scheffel“, sagte der Oberst. „Ich bin überzeugt, Sie können gut mithalten.“

Sie kletterten in den Jensen, und Bomb beschleunigte sofort brutal, als sie gleich hinter den Garagen auf die Piste des königlichen Flugplatzes kamen. Der Wagen war wirklich gut in Schuß.

„FF bedeutet Ferguson Formuld!" brüllte Bomb gegen den Motor an. „Der Wagen hat Vierradantrieb und Dunlop-Maxaret-Bremsregler. Passen Sie auf!"

Bomb riß den Wagen in eine schnelle Folge schlängelnder Kurven, ohne vom Gas zu gehen, dann bremste er mitten aus dem Beschleunigen mit voller Kraft. Der Jensen kam, ohne die geringste Neigung auszubrechen, in kürzester Zeit zum Stillstand.

„Ein bemerkenswertes Automobil", sagte der Oberst. „Ich bin sicher, daß Seine Majestät ein solches Exemplar für seine Sammlung erwerben will. Allerdings werden Sie sich auf einige Sonderwünsche gefaßt machen müssen."

„Das sind wir bei unseren orientalischen Bündnispartnern gewöhnt", sagte Bomb.

6

James Bomb kehrte gegen Mittag ins Hotel zurück. Bevor er in der Tiefgarage seinen Wagen verließ, gab er per Funk einen ausführlichen Lagebericht nach London durch, angefangen von seinen Erlebnissen im Flugzeug bis zu seiner derzeitigen Pulsfrequenz, denn M hatte tägliche Bulletins über seine körperliche Verfassung verlangt. Gleichzeitig forderte Bomb 50.000 Pfund für das bevorstehende Schwarze Peter-Match mit Dracs und erbat sofortige Rückantwort.

Erschrocken entgegnete London: „Bitte warten."

Bomb konnte sich lebhaft vorstellen, was jetzt an der Themse los war. Die Nachrichtenhelferin rannte zum diensthabenden Offizier, dieser zu M und M fluchend zur

Rechnungsstelle, um einem störrischen Finanzkrämer klarzumachen, daß sein Staragent wieder einmal tief in die Kassen des Reiches zu langen gedachte. Das war bestimmt kein Honigschlecken für M.

Endlich kam die Antwort aus London: „Geld wird durch britischen Botschaftsangehörigen überbracht – stop – erwarten aber Nachweis über jeden Cent – stop – M.

Bomb grinste in sich hinein.

Solange die Raben um den Tower kreisen, die Affen auf Gibraltar wachen und die Pfennigfuchser im Finanzministerium hocken, dachte er, solange wird das Britische Empire nicht untergehen.

Der Nachmittag verlief programmgemäß. Nach dem Placet aus London ging Bomb auf sein Hotelzimmer und legte sich zu einem Nickerchen nieder, aus dem er durch die Ankunft eines britischen Botschaftsattachés gerissen wurde, der ihm 50.000 Pfund in großen Scheinen in einem Aktenköfferchen überbrachte.

Nach einem ausgedehnten Bad im Swimmingpool des Hotels und einigen trockenen Wodka-Martinis, bei denen er die träge herumliegende High-Society studierte – die Schönheiten und Playgirls des Landes schienen ihm alle etwas zu üppig und mit etwas zuviel Damenbart behaftet zu sein –, begab er sich in sein Zimmer zurück. Nachdem er wieder mit Hilfe einiger Haare die Unversehrtheit seines Gepäcks überprüft hatte, schlüpfte er in ein zartrosafarbenes Seidenhemd mit Windsorkragen und in einen dunkelblauen Nadelstreifenanzug. Dazu wählte er eine dezent blaugraugemusterte Krawatte.

Dann fuhr er mit dem Jensen FF zum kaiserlichen Palast,

passierte mit einem Sonderausweis vom Oberst die Sicherheitskordons und traf schließlich vor den Hangars ein, wo ihn der Schwager des Shuhs bereits erwartete.

Es war mittlerweile 17.30 Uhr.

„Der Shuh wird in wenigen Minuten erscheinen“, kündigte der Oberst an. „Er ist überaus gespannt, was den Wagen anbelangt.“

Gegen 17.40 Uhr endlich fuhr der Herrscher in einem Jeep der personischen Streitkräfte vor, nur begleitet von einem persönlichen Adjutanten.

Der Shuh, Karezza der Zweite, war ein kleiner, zierlich wirkender Mann von aufrechter militärischer Haltung. Er wirkte trotz seines dunklen Teints blaß und ungesund, seine Lippen waren bläulich verfärbt. Er hatte welliges dunkles Haar, eine riesige Sonnenbrille betonte seine kräftige gebogene Nase. Der Herrscher trug die Khakiuniform eines Generalmajors seiner Leibgarde.

Bomb wurde planmäßig als Mr. Woodpick, Generalvertreter der Firma Jensen, vorgestellt.

Der Shuh umrundete ungeduldig den in der Abendsonne silbern glänzenden Sportwagen und lauschte interessiert den technischen Erläuterungen, die Bomb ihm herunterbetete.

Dann setzte er sich an Bombs Seite zu einer Probefahrt. Bomb steuerte den Wagen auf sein Geheiß hin zum Flugplatz des Palastes und begann ihm vorzuexerzieren.

Der Shuh schien beeindruckt.

Nach drei Runden mit Bomb, der bestimmt kein schlechter Fahrer war und der glaubte, an die Grenze des Möglichen gegangen zu sein, übernahm der Shuh selbst das Steuer.

Bomb wußte, daß Karezza II. ein guter Rallye-Pilot war

und auch gelegentlich Flugplatzrennen fuhr, er war also nicht unvorbereitet. Dennoch machte er sich fast in die Hosen, so verrückt fuhr der Herrscher aller Personier. Aber er preßte die Lippen und etliches mehr zusammen und verfluchte M und das gesamte Empire.

Endlich war auch dieses Schrecknis zu Ende. Bleich kletterte Bomb aus dem Wagen.

Der Shuh war begeistert.

„Ich nehme zwei Exemplare“, rief er, „einen in der Normalausführung in Schwarz, die Stoßstangen und anderen Metallteile natürlich in Silber. Den zweiten will ich in Schockfarben, in Punkergrün mit Goldflitter. Aber mit frisiertem Motor. Sie tunen im Werk doch selber?“

„Selbstverständlich, Euer Majestät“, antwortete Bomb. „Wir haben ganz zauberhafte Schockfarben auf Lager, und auf die 400 PS Powerengine kippen wir vier Doppeldropfallvergaser, da werden Euer Majestät staunen, wie da die Karre echt topscharf loslegt. No problem, Majestät.“

„Fabelhaft!“ strahlte der kleine Monarch. „Ich sehe, Sie verstehen, was ich meine. Ich hatte mir eigentlich einen englischen Verkaufsdirektor konservativer und unbeweglicher vorgestellt.“

„Wenn's ums Geld geht, sind wir schon beweglich, denken Sie nur an die Rolling Stones“, scherzte Bomb. „Nein, im Ernst, es wird uns ein Vergnügen sein, die Sonderwünsche Eurer Majestät zu erfüllen.“

Der Shuh nickte.

„Und mir wäre es ein Vergnügen, Mr. Woodpick, wenn Sie heute abend mit uns dinieren und unsere Gastfreundschaft für die Tage Ihres Aufenthaltes hier im Palast in Anspruch nehmen würden“, bestimmte der kleine Monarch, wie der Oberst vorausgesagt hatte.

Bomb verneigte sich tief.

„Es ist mir eine große Ehre, Euer Majestät“, sagte der Agent Ihrer Majestät.

7

Das Essen war exzellent.

Hinter jedem Stuhl stand ein betreßter Lakai.

Bomb im weißen Dinnerjackett, schwarzgetäfelter Hemdbrust und weinrotem Kummerbund, fühlte sich nicht unbehaglich.

Die Gesellschaft beschränkte sich auf den engsten Kreis der Herrscherfamilie. Außer dem Shuh und seiner Gemahlin, der Shubanuh Soranda I., waren nur noch die Kaiserinmutter und der kaiserliche Schwager, Oberst Ali Babus, anwesend.

Die Shubanuh, die den Platz schräg gegenüber Bomb eingenommen hatte, war auch in natura von jener puppenhaften Schönheit, mit der sie auf den Illustriertenbildern die Leser in aller Welt entzückte. Sie war ein zierliches Persönchen mit tiefschwarzem Haar und robbenfeuchten Samtaugen.

Sie warf nur gelegentlich einen scheuen Blick auf ihren ausländischen Gast, ihre Augen ansonsten sittsam gesenkt haltend.

Bomb fühlte sich unendlich erotisch frustriert. Ihm erschien in diesem Augenblick seine Mission, jedenfalls was ihren delikaten Teil anbelangte, mehr denn je als absurd und völlig hoffnungslos.

Die Kaiserinmutter war ein asthmatisches, unförmiges Fossil, das keuchte und röchelte und sich mit den kulinarischen Köstlichkeiten der Tafel wortlos vollstopfte. Zwischen den Gängen verfiel sie in Schlaf, wobei sie regelmäßige Schnarch- und Grunztöne von sich gab. Sie war offensichtlich stocktaub, niemand beachtete sie oder richtete während des dreiviertelstündigen Diners auch nur ein einziges Wort an sie.

Die Speisen waren delikat zubereitete Landesspezialitäten, die ihm vom Oberst erläutert wurden und deren fremdartige Namen Bomb sofort wieder entfielen. Nichtsdestotrotz schmeckten sie vorzüglich. Bomb jedoch befiel angesichts der Menge die Sorge um seine Figur und um den in seinem Beruf so notwendigen Sex-Appeal.

Die Unterhaltung zwischen ihm, dem Shuh und seinem Schwager drehte sich hauptsächlich um Automobile, Motorräder und Sport; Fachsimpeleien, bei denen die Männer völlig unter sich blieben.

Endlich, nach einem raffinierten Dessert, eine Art türkischer Honig mit Bananen, Feigen und alkoholisierter Schlagsahne, einer wahren Kalorienbombe, wurde die Tafel aufgehoben.

Die Gesellschaft begab sich vom blaugoldenen Speisesaal in den in Orangetönen gehaltenen Spielsalon, wo – wie üblich, wenn Graf Dracs in die Hauptstadt kam – nach dem Essen eine Partie Schwarzer Peter stattfinden sollte.

Der Graf erwartete die Gesellschaft bereits. Er begrüßte das Herrscherpaar; der Shuh wechselte mit ihm eine herzlich vertraute Umarmung, bei der Shubanuh glaubte Bomb eine mühsam unterdrückte Abneigung zu bemerken. Der Oberst und der Graf nickten einander nur kühl zu.

Endlich sah sich Bomb seinem Gegner Aug' in Aug' gegenüber.

Wladimir Graf Dracs, kaiserlich personischer Minister für Inneres und Sonderaufgaben, Geheimdienstchef und schwarze Eminenz des Hofes, war ein aristokratischer, hochgewachsener Mann unbestimmbaren Alters. Er hatte straff nach hinten gekämmtes Haar, das, je nachdem, wie das Licht darauf fiel, schwarzglänzend oder graumeliert erschien, so daß man seinen Träger mal in den besten Jahren, mal an der Schwelle des Greisentums wähnte. Der Teint des Grafen war von grauer Fahlheit, sein Mund hart und gebieterisch, sein Gebiß kräftig und muskulös. Seine Augen blickten mit Kälte und hypnotischer Stärke. Er war ganz in düsteres Schwarz gewandet. In der dunklen Seidenkrawatte steckte eine Diamantnadel in Form einer Fledermaus, an seiner rechten Hand blitzte der riesige schwarze Siegelring seines Geschlechts. Dieser Mann war ein sicher nicht zu unterschätzender Gegner.

Der Oberst machte Bomb und den Grafen miteinander bekannt.

Dracs musterte Bomb wie ein lästiges Insekt.

„Sie sind Londoner, Mr. Woodpick?“ fragte er, nur der Form halber, sein Desinteresse mühsam verbergend.

„Gewiß, Exzellenz“, antwortete Bomb.

„Schöne Stadt, schöne Stadt, kenne sie leider nicht persönlich“, sagte Dracs etwas unlogisch, rieb sich die trockenen Hände und strebte dem runden, mit grünem Filz bespannten Louis-Seize-Spieltisch zu, der den Mittelpunkt des Salons bildete.

„Wir sollten gleich beginnen, die Nacht ist kurz", sagte er ungeduldig. Es sollte scherzhaft klingen, aber es klang wie ein Befehl.

Der Kerl tritt auf, als wäre er der Herr im Hause, dachte Bomb.

Da niemand widersprach, nahmen die vier Männer am Spieltisch Platz. Zur Linken Bombs saß der Shuh, zu seiner Rechten Oberst Babus und ihm gegenüber Graf Dracs, dessen Diamantfledermaus und Siegelring um die Wette mit den kaiserlichen Lüstern glitzerten.

Die Shubanuh und das taube Mutterfossil, das sofort in einen Verdauungsschlaf fiel, hatten sich am Fenster auf zierlichen Sesseln vor einem vergoldeten Tischchen niedergelassen.

Die Shubanuh saß so – Zufall oder Absicht –, daß Bomb sie und sie ihn bequem im Auge behalten konnte.

Zigaretten und Getränke wurden angeboten. Bomb wählte einen Wodka-Martini, der Shuh und der Oberst nahmen Whisky Soda, Graf Dracs eine Bloody Mary.

Dann begann der Oberst, Bomb das Spiel zu erklären:

„Das Spiel besteht aus 25 Karten – und zwar aus 24 Karten, von denen jeweils zwei zusammengehören, also zwölf Kartenpaare plus dem Schwarzen Peter. Der Geber, durch das Los bestimmt, gibt links von sich beginnend, in unserem Fall also je sechs pro Person, er selbst behält zusätzlich die 25. Dann beginnt der links von ihm sitzende Spieler eine Karte bei ihm zu ziehen, von diesem wiederum zieht später der nächste links Sitzende und so fort. Die Aufgabe dabei ist es, möglichst viele Kartenpaare abzulegen. Wer zuerst alle Karten abgelegt hat, hat gewonnen, die anderen spielen weiter. Wer zuletzt übrig bleibt und den Schwarzen Peter hat, ist Verlierer." Der Oberst unterbrach sich: „Können Sie mir folgen, Mr. Woodpick?"

Bomb nickte. Soweit war alles klar. Das Spiel hatte er schon mit vier Jahren mit seiner Mami und seinen Tanten gespielt.

„Aber wie steht es nun mit dem Geld? Ich weiß ja, daß Sie sich nicht begnügen, dem Verlierer mit Kohle einen schwarzen Schnurrbart unter die Nase zu malen."

Der Shuh lächelte. „Das wäre entschieden billiger, jedenfalls für mich. Ich scheine das Pech die letzten Monate für mich gepachtet zu haben."

„Aber, aber, Majestät", widersprach Graf Dracs. „Neues Spiel, neues Glück. Fortuna ist launisch. Sie wendet sich bestimmt bald Euer Majestät wieder zu."

Er lachte fett, dann wandte er sich gönnerhaft zu Bomb.

„Die Sache ist ganz einfach, Mr. Woodpick. Der Einsatz für ein Spiel ist hundert Pfund. Jeder, der ablegen kann, kann erhöhen, allerdings müssen ihm nach dem Ablegen noch mindestens drei Karten bleiben. Wollen die anderen weiter mitspielen, müssen sie den erhöhten Einsatz nachbringen, oder aber sie steigen aus, in diesem Fall muß der Aussteiger seine restlichen Karten mischen und Blatt für Blatt, links beginnend, je eine Karte unter die übrigen Spieler verteilen. Der Einsatz und die geleisteten Erhöhungen sind natürlich für ihn verloren. Zuletzt wird der Topf unter denen aufgeteilt, die alle Karten losgebracht haben. Wer den Schwarzen Peter behält, bezahlt eine Extrabuße von fünfhundert Pfund, ist also doppelter Verlierer. Verstanden, Mr. Woodpick?"

„Ich denke schon, Exzellenz", sagte Bomb. „Eine Frage noch: Gibt es ein Limit bei den Einsätzen?"

Graf Dracs lächelte hintergründig.

„Ich muß gestehen, ich schätze eine Limitierung im allgemeinen nicht. Es nimmt dem Spiel viel von seinem Reiz."

Und dir viel von deinem Gewinn, du alter Halunke, dachte Bomb.

„In unserem Fall jedoch", mischte sich der Shuh ein, „würde ich vorschlagen, mit Rücksicht auf unseren Gast, der erst etwas Erfahrung sammeln sollte, ein Erhöhungslimit von dreihundert Pfund festzusetzen."

Er blickte fragend auf den Grafen und den Oberst, die beide Zustimmung murmelten.

„Einverstanden, Mr. Woodpick?"

„Einverstanden", sagte 006.

Auf einen Wink des Shuhs erschien ein betreßter Kammerherr in scharlachroter Livree und weißgepudertem Zopf, der in einer Schatulle elfenbeinerne Spielmarken zu je 1000, 500 und 100 Pfund, deren Werte mit silbernen Ziffern eingelegt waren, herbeibrachte. Es waren kunstvolle kleine Intarsienarbeiten.

Bomb ließ sich zunächst Spielgeld im Wert von 5000 Pfund geben. Er unterzeichnete dafür eine Quittung.

Der Shuh und der Graf nahmen für je 10.000 Pfund, der Oberst für ebenfalls 5000 Pfund Spielmarken.

Dann war alles bereit.

Das Los, eine goldene Münze mit schwarz eingelegtem Pfeil, wurde vom Shuh auf dem grünen Filztuch gewirbelt. Als sie zur Ruhe kam, wies die Marke auf den Oberst.

„Die Einsätze in die Mitte, meine Herren", sagte dieser. Jeder der Spieler schob einen elfenbeinernen Chip im Wert von 100 Pfund zur Mitte.

Das Spiel hatte begonnen.

8

Der kaiserliche Schwager mischte die Karten, schob den Stapel rechts zu Dracs, der abhob. Dann begann der Oberst links an Bomb die ersten Karten auszuteilen. Er gab jeweils drei Karten zweimal die Runde, die letzte Karte behielt er selbst.

Bomb nahm seine Karten auf. Erregung befiel ihn, wie damals, als er im Kasino Royal seinem Gegenspieler Le Chiffre beim Baccarat gegenüber saß und wie bei vielen anderen Gelegenheiten, wo es um viel Geld, um Leben oder Tod ging.

Die Karten waren wunderhübsche handgemalte Exemplare.

Die Paare, die zusammengehörten, waren jeweils ein Mann und eine Frau einer menschlichen Rasse.

Bomb hatte eine südamerikanische Indiofrau, nackt und aufreizend fleischig dargestellt, einen gravitätischen chinesischen Mandarin, einen martialischen afrikanischen Krieger, eine schlanke blonde Europäerin, einen vermummten Eskimo und einen arabischen Scheich.

Gut gemischt, dachte er.

Er wandte sich zum Oberst. Dieser hielt ihm den breitgefächerten Schild seiner Karten entgegen.

„Ziehen Sie, Woodpick!“ fordert der Oberst ihn auf.

Bomb zog die zweite Karte von links und drehte sie zu

sich herum. Es war eine gelbe, schlitzäugige Schönheit, die an einer Lotosblüte roch. Bomb zog den Mandarin aus seinen Karten heraus und legte das chinesische Paar ab.

„Sie können erhöhen, Mr. Woodpick!“

Graf Dracs nickte ihm auffordernd zu.

Du kannst es wohl nicht abwarten, du Armleuchter, dachte Bomb.

Er nickte Dracs freundlich zu und schob einen Chip zur Mitte.

„Ich erhöhe um hundert Pfund“, sagte er.

Dracs ließ ein Schnauben hören, das seine Geringschätzung kaum unterdrückte.

Bomb wendete sich zum Shuh.

Der Kaiser brachte die 100 Pfund von Bomb und zog von ihm eine Karte. Es war der Eskimo.

Dann legte er vier Karten ab. Es waren ein australisches Ureinwohnerpaar und der vermummte Eskimo mit Frau. Er hatte jetzt noch drei Karten.

„Ich erhöhe um fünfhundert Pfund“, sagte er.

Graf Dracs nickte befriedigt.

„Ich bringe die hundert Pfund von Mr. Woodpick und die fünfhundert von Eurer Majestät“, sagte er.

Jetzt waren 1.700 Pfund gesetzt.

Er schob seine Chips zur Mitte und zog vom Shuh eine Karte, diesem blieben zwei übrig. Dann legte Dracs ebenfalls ein Paar auf den Tisch.

Es war ein türkischer Teppichhändler mit seinem Weib.

Dracs hatte jetzt noch fünf Karten.

„Ich erhöhe um fünfhundert Pfund“, verkündete der Graf. Nun waren es 2.200 Pfund.

Der Oberst wurde unruhig. Er blickte in seine Karten,

rechnete und sah dann rechts zum Shuh hinüber. Bomb bemerkte, wie dieser seinem Schwager unmerklich zunickte.

Anscheinend griff der Shuh seinem Verwandten bei Spielverlusten unter die Arme.

Der Oberst gab sich einen Ruck.

„Ich ziehe nach“, rief er und schob zwei 500-Pfund-Chips und einen zu 100 Pfund in die Mitte des Tisches.

Darauf zog er von Dracs eine Karte, der noch vier zurückbehielt.

Der Oberst verglich und legte zwei Karten ab: ein Südseeinsulanerpaar im Muschelschmuck und Huläröckchen.

„Ich erhöhe um fünfhundert Pfund“, sagte er.

Alles blickte jetzt auf Mr. Woodpick.

Bomb überschlug, was im Topf lag. Es mochten jetzt 3.800 Pfund sein, die da als mattglänzende Elfenbeinchips im Zentrum der grünen Fläche schimmerten.

Er selbst müßte demnach 1.500 Pfund nachbringen.

„Ich steige aus“, sagte Bomb.

Graf Dracs schnaufte verächtlich.

Bomb begann, seine Karten nach links zu verteilen.

Es waren vier: der Afrikaner, der Araber, die Europäerin und das scharfe Indioweib.

Die erste erhielt der Shuh, die nächste Dracs, die dritte behielt der Oberst, und die letzte und vierte ging wieder an den Shuh.

Der Shuh hat jetzt vier Karten, überschlug Bomb, Dracs hat fünf und Babus sechs, macht fünfzehn. Fünf Paare sind abgelegt, also zehn Karten, zusammen fünfundzwanzig Karten. Es stimmte genau.

Der Shuh brachte die 500 Pfund von Dracs und die 500

seines Schwagers nach, zog eine Karte von ihm und legte ein Paar ab. Es waren zwei weißgewandete Araber.

Er behielt drei Karten zurück.

„Erhöhe um fünfhundert Pfund“, sagte er dann.

Dracs brachte ebenfalls die 1.000 Pfund nach, zog eine Karte vom Shuh und legte ein Paar ab. Es war der afrikanische Häuptling mit seinem schwarzen Weib.

Der Graf behielt vier Karten zurück.

„Ich erhöhe um fünfhundert“, sagte er.

Es waren jetzt 6.300 Pfund, die sich auf dem Tisch häuften.

Dem Oberst trat der Schweiß auf die Stirn.

„Ich steige aus“, sagte er.

Dracs lachte verächtlich auf.

Der Oberst verteilte seine restlichen fünf Karten. Die erste an den Shuh, die zweite an Dracs, die nächste wieder an den Shuh, so daß der Kaiser drei der fünf Karten erhielt.

Er hatte jetzt fünf Karten, Dracs sechs.

Der Shuh war am Zug.

„Ich bringe die fünfhundert Pfund“, sagte er zu Dracs gewandt. Er nahm eine Karte von Dracs und legte zwei Paare ab: die nordamerikanischen Indianer im Federschmuck ihres Stammes und die hellhäutigen Europäer, Mann und Frau.

„Erhöhe um fünfhundert Pfund“, sagte der Shuh.

Es waren jetzt 7.300 Pfund im Spiel. Der Shuh hatte noch zwei Karten.

Bomb blickte gespannt auf die beiden Kontrahenten. Auch die Shubanuh hatte ihren Platz verlassen und war herangekommen.

Sie stand hinter ihrem Gemahl und legte beruhigend die Hand auf seine Schulter.

Der Shuh wirkte fahrig und nervös.

Dracs war von aufreizender Sicherheit.

„Ich bringe die fünfhundert Pfund“, sagte er.

Er langte herüber zum Shuh und zog eine Karte von den beiden.

Dann legte er zwei Paare ab: einen indischen Maharadscha mit seiner Maharani und das barbusige Indioweib mit ihrem blasrohrbewaffneten Gefährten.

7.800 Pfund waren jetzt gesetzt.

Dracs hatte also den Schwarzen Peter. Er hielt dem Shuh seine beiden letzten Karten hin.

Der Shuh streckte die Hand aus, sie schwebte zitternd über den beiden Karten und sank dann herab. Bomb erkannte am triumphierenden Aufglimmen von Dracs Augen, daß der Shuh die schwarze Karte gezogen hatte. Zitternd mischte der Shuh hinter der vorgehaltenen Hand seine letzten beiden Karten und streckte sie dem Grafen entgegen.

Mit traumhafter Sicherheit senkte sich die Hand des Grafen und zog. Dann warf er sein Paar mit Arroganz auf das grüne Tuch.

Es waren die zwei kirgisischen Nomaden.

Es schien, als ob sich ihre asiatischen Gesichter höhnisch verzogen.

In der schlaff geöffneten Hand des Shuhs aber lag der Schwarze Peter.

Seufzend schob der Herrscher die zusätzlichen 1.000 Pfund, den Tribut des Verlierers, über den Tisch.

Und mit weitgekrümmtem Arm, an dessen Hand das Siegel derer von Dracs funkelte, zog der Graf den Gewinn zu sich heran.

8.800 Pfund.

9

Dracs hatte, wenn Bomb richtig schätzte, nach Abzug seiner Einsätze rund 5.000 Pfund gewonnen. Er schien überaus zufrieden und leckte sich wie eine satte Katze die Lippen.

Es war ein widerlicher Anblick.

Nachdem die Gläser von den Dienern nachgefüllt waren, begann ein neues Spiel.

Der Shuh als Verlierer gab. Bomb hatte gleich zu Anfang zwei Paare, die er ablegen konnte, entsprechend erhöhte er seinen Einsatz. Die Chancen schienen gut verteilt, auch die anderen legten zügig ab und erhöhten. Keiner stieg aus.

Bomb und Dracs wurden beide fertig, der Shuh und der Oberst standen sich am Ende gegenüber.

Der Herrscher blieb wieder auf der Strecke, zahlte abermals 1.000 Pfund extra. Der Topf mit runden 7.000 Pfund wurde auf Bomb, Dracs und den Oberst verteilt.

Die nächsten sechs, sieben Spiele verliefen ähnlich, die Einsätze waren beachtlich, kaum jemand stieg aus, jeweils einer oder zwei konnten total ablegen. Der Topf wurde aufgeteilt, und immer war Dracs bei den Gewinnern.

Bomb schätzte, daß der Graf zu diesem Zeitpunkt an die 20.000 Pfund gewonnen haben mußte.

Bomb selbst verzeichnete einige Verluste. Die Hauptverlierer aber waren der Shuh und der Oberst, also praktisch mehr oder weniger der Shuh allein.

Im achten Spiel landete Dracs wieder einen Haupttreffer. Er saß zuletzt, bei einem übervollen Topf, dem Shuh gegenüber, Bomb und der Oberst waren nach anfänglichen kräftigen Einsätzen ausgestiegen.

Der Shuh hatte danach noch zweimal ablegen können und jedesmal um 3.000 Pfund erhöht. Er und Dracs hatten, als sie beide unter sich waren, auf Vorschlag des Grafen das Limit aufgehoben.

Bomb wußte, daß der Shuh den Schwarzen Peter hatte; 006 hatte die Verliererkarte bei ihm erspäht, als der Kaiser die vom Oberst verteilten Karten aufnahm.

Dracs aber zog und zog und zog. Nur den Schwarzen Peter zog er nicht. Der Shuh behielt ihn und verlor.

Dracs strich an die 12.000 Pfund ein, was Bomb in grimmige Wut versetzte, aber auch er zwang sich zu einem gratulierenden Lächeln an den Grafen.

Das Spiel danach war das einzige, das Dracs unter den Verlierern fand; das heißt, eigentlich stieg er nach nur zwei mäßigen Erhöhungen aus, ebenso wie Bomb, so daß dem Oberst im Finale mit dem Shuh der Schwarze Peter blieb.

Der Shuh strich mit kindlich-naiver Freude den nicht allzu hohen Gewinn ein, ein Trosttröpfchen auf dem großen, heißen Stein seiner Verluste.

Bomb hatte das Gefühl, der Graf wäre nur ausgestiegen, um dem Shuh einen Erfolg zu ermöglichen und ihn damit noch bei Spiellaune zu halten.

Es war mittlerweile 23 Uhr geworden.

Die elfte Runde begann.

Bomb war der Geber.

Der Oberst legte ab und brachte 500 Pfund.

Ebenso Dracs, ebenso der Shuh, ebenso Bomb.

Über 5.000 Pfund lagen jetzt schon auf dem Tisch.

Der Oberst zog, legte ab und erhöhte.

Dracs folgte.

8.000 Pfund.

Der Oberst stieg aus und verteilte seine Karten.

Bomb erhöhte.

Dracs erhöhte.

Der Shuh erhöhte.

Bomb erhöhte.

12.000 Pfund.

Dracs erhöhte.

Der Shuh stieg aus und teilte sein Blatt auf.

Bomb erhielt den Schwarzen Peter.

Dracs zog und legte ab.

Die schwarze Karte blieb bei Bomb.

Noch einmal zog der Graf, wieder legte er ab.

Es war unfaßbar.

Bomb behielt, wie jeder, der dem Grafen gegenübersaß, die Verliererkarte; sie klebte wie Pech an ihm.

13.000 Pfund.

Dracs hatte schon wieder gewonnen.

Er zog nie den Schwarzen Peter.

Er mied ihn wie der Teufel das Weihwasser.

Bomb konnte es nicht begreifen.

Eine Fliege ließ sich auf seiner Nase nieder. Ärgerlich wischte Bomb sie mit seiner letzten Karte, dem Schwarzen Peter, den er noch in der Hand hielt, fort.

Ein leichter, aber durchdringender Geruch drang in Bombs Riechzellen. Ihrer Majestät allergeheimster Geheimagent schnupperte.

Was war das?

Es war ein fremder und ihm doch irgendwie bekannter Geruch, aber unpassend und ordinär in dieser noblen Umgebung, mit all dem Marmor, edlem Holz und Seide.

Die Fliege setzte sich erneut auf Bombs Nase, wieder scheuchte er sie mit der Karte hinweg, und wieder strich eine Brise dieses Duftes in seine Nüstern und drang in seine Siebzellen. Plötzlich erkannte er den Geruch.

Knoblauch!

Das war es: Knoblauch!

Die Karte in seiner Hand, der Schwarze Peter, roch nach Knoblauch!

In Bombs Gehirn, ganz hinten, begannen sich Gedanken bruchstückweise zu formen.

Zusammenhänge fingen an, sich abzuzeichnen...

„Mr. Woodpick!"

Dracs Stimme riß ihn aus dem Strudel seiner Gedanken.

„Mr. Woodpick, hätten Sie die Güte, den noch ausstehenden Verliererzuschlag zu begleichen", sagte Dracs süffisant.

„Selbstverständlich, Graf. Verzeihen Sie, ich war in Gedanken."

Bomb schob die fälligen tausend Pfund über den Tisch. Er ärgerte sich, daß er dem Grafen Gelegenheit gegeben hatte, ihn zu maßregeln.

„Aber ich bitte Sie", sagte Dracs spöttisch, „das ist nur allzu verständlich. Der Verlust ist schließlich nicht unbedeutend. Mr. Woodpick, ich würde sagen, Sie sollten..."

Bomb registrierte die letzten Worte des Grafen gar nicht mehr.

Er hatte die Lösung.

Nur das konnte es sein.

Deshalb also gewann Dracs immer, deshalb also konnte er das Spiel immer wieder zu seinen Gunsten entscheiden.

Die Lösung war ganz einfach und doch so unglaublich.

Aber wie konnte er das beweisen, und wenn es ihm gelänge, was hätte es für einen Zweck?

Es wäre ein Skandal sondergleichen, der damit enden würde, daß niemand ihm glauben und er für verrückt erklärt würde.

Was also konnte er tun?

In Bombs Gehirn begann langsam ein Plan Gestalt anzunehmen. Es gab nur einen Weg.

Er mußte Dracs mit dessen eigenen Waffen gegenübertreten, ihn mit seiner eigenen Hinterlist schlagen.

„Meine Herren..." Die aufreizend zufrieden klingende Stimme des Grafen riß ihn aus seinem Nachdenken. „Meine Herren, da mich wichtige Geschäfte morgen in aller Frühe wieder auf meinen Besitzungen erwarten und ich zudem Seine Majestät in dringlicher Angelegenheit heute noch unter vier Augen sprechen muß, schlage ich – Ihr Einverständnis vorausgesetzt – vor, zur letzten Spielrunde zu kommen und dann den Abend zu beschließen."

Der Graf brachte seine Worte mit einer Arroganz hervor, die keinen Widerspruch duldete und sich des Gehorsams der anderen völlig sicher zu sein schien.

In der Tat, es erhob sich kein Widerspruch.

„Ich schließe mich der Allgemeinheit an", sagte Bomb, seine Chance ergreifend, in die Stille. „Ich bitte Sie nur, meine Herren, mich einige Augenblicke zu entschuldigen, ich hätte mir gern die Hände gewaschen."

Er zwinkerte mit einem Auge zum Oberst hinüber, der glücklicherweise sofort zu begreifen schien.

„Kommen Sie nur, Mr. Woodpick", sagte der. „Ich zeige Ihnen, wo. Ich habe das gleiche Bedürfnis."

Bomb fiel ein Stein vom Herzen, daß dieser MAD-Chef so schnell und richtig reagierte. Dem war nicht allerorten so.

Gleich darauf eilten sie auf den Gang hinaus.

„Ich brauche sofort eine Zehe Knoblauch", sagte 006, während sie im Geschwindschritt den kaiserlichen Toilettenräumen zustrebten.

„Wie bitte?" fragte der Oberst verdutzt. „Ich verstehe nicht ganz..."

„Fragen Sie nicht", zischte Bomb ungeduldig. „Ich habe keine Zeit für Erklärungen. Ich brauche auf der Stelle eine Zehe Knoblauch. Können Sie mir die besorgen?"

„Ich habe einen Vetter in der Palastküche", sagte der Oberst. „Er ist dort Vorkoster der kaiserlichen Speisen. Soviel ich weiß, hat er heute nacht Dienst. Er könnte vielleicht..."

„Rennen Sie!" befahl Bomb. „Schnell, holen Sie eine Zehe Knoblauch, ich warte auf Sie im Waschraum. Rennen Sie, es geht um Leben und Geld."

Minuten später kehrten beide in den Spielsalon zurück, der Oberst noch etwas gerötet und atemlos von der hinter ihm liegenden Aufgabe. Bomb hoffte inständig, daß niemandem etwas auffiel.

Aber alles ging gut. Auch Dracs schien arglos zu sein.

Der Shuh forderte seinen Schwager auf, seinen Platz mit ihm zu tauschen; er versprach sich von diesem Platzwechsel ein Ende seiner Pechsträhne.

Bomb behielt Dracs als Gegenüber im Auge.

Neue Getränke wurden gereicht.

Das Kaiserinmutterschiff saß zusammengesunken schnarchend in seinem Sessel. Die Shubanuh hatte, um das letzte Spiel dieses Abends besser verfolgen zu können, ihren Sessel hinter den des Shuh stellen lassen. Sie hatte in anmutiger Haltung Platz genommen, ihre dunklen Augen aber richteten sich immer häufiger auf Bomb.

006 als Verlierer des vorigen Spieles nahm die Karten auf. Er mischte, ließ den Shuh abheben und hielt dann inne. Er zögerte absichtlich und räusperte sich verlegen.

Dracs bemerkte als erster sein Zaudern.

„Nun, Mr. Woodpick", rief er über den Tisch, „worauf warten Sie noch?"

Bomb begann zu stottern.

„Ich – äh, ich... Ich dachte gerade, wir könnten vielleicht – das heißt, nur wenn Sie auch wollen, dann könnten wir vielleicht..."

„Was könnten wir vielleicht?" unterbrach ihn Dracs ungeduldig. „Raus mit der Sprache, Mann!"

„Wir könnten vielleicht das Limit erhöhen oder ganz weglassen", platzte Bomb heraus, „weil es doch das letzte Spiel ist."

Graf Dracs sah ihn nachdenklich an. Ihm konnte das nur recht sein, aber er war mißtrauisch.

„Ich hätte nichts dagegen, Mr. Woodpick, und die anderen Herren sicher auch nicht, aber befürchten Sie nicht, daß Sie das in – sagen wir, gewisse Schwierigkeiten bringen könnte?"

„Oh!" meinte Bomb und tat erleichtert. „Wenn es weiter nichts ist. Sie sollten, glaube ich, wissen, daß meine Stellung als Verkaufsdirektor meiner Firma nicht die einzige Quelle meiner Einkünfte ist. Ich verfüge über einige Aktienpakete in der Ölbranche, und von seiten meiner Mutter habe ich mehrere nicht unbedeutende Liegenschaften in Mittelengland geerbt. Sie brauchen sich also diesbezüglich keine Sorgen zu machen, meine Herren."

„Also gut. Um so besser. Einen Kapitalisten soll man schädigen, wo man kann", scherzte Dracs plump. Seine Geldgier gewann die Oberhand über sein Mißtrauen. „Sagen wir tausend Pfund Einsatz und kein Limit?"

Alle nickten.

„Die Einsätze, bitte", sagte Bomb.

4.000 Pfund wurden in die Mitte des Spieltisches geschoben. Das letzte, entscheidende Spiel des Abends hatte begonnen.

10

James Bomb mischte und verteilte die Karten.

Dann lehnte er sich zurück und versuchte sich zu entkrampfen.

Nur Ruhe jetzt und kaltes Blut.

Der Oberst legte als erster ein Paar ab. Es waren die Europäer.

„Ich bringe zweitausend Pfund", sagte er und hielt Dracs die Karten hin.

Dieser zog und sagte geringschätzig: „Ich bringe die zweitausend und fünftausend Pfund dazu."

Dann legte er zwei Paare ab. Es waren das indische und das kirgisische Paar.

Der Shuh brachte die 9.000 Pfund nach und zog eine Karte von ihm. Dann legte er ebenfalls zwei Paare ab. Es waren das Eskimo-Paar und die nordamerikanischen Indianer.

„Erhöhe um fünftausend Pfund", sagte er dann.

18.000 Pfund einschließlich des Einsatzes waren jetzt gesetzt. Bomb schob wortlos 14.000 Pfund in die Mitte des Tisches.

Dann zog er eine Karte und warf zwei Paare ab: die Südseeinsulaner und die australischen Neger. Er behielt drei Karten zurück.

„Ich erhöhe um fünftausend Pfund", sagte er und blickte auf den Oberst. 37.000 Pfund lagen jetzt auf dem Tisch.

Der Schwager des Kaisers schüttelte den Kopf.

„Ich steige aus", sagte er.

Dracs ließ sein verächtliches Schnauben hören.

Babus verteilte seine restlichen Karten: eine an Dracs, eine an den Shuh, eine an Bomb und noch eine an Dracs.

Dracs hatte jetzt vier Karten, der Shuh hatte drei, Bomb hatte vier. Dracs brachte die 5.000 Pfund vom Shuh und die 5.000 von Bomb nach. Zusammen lagen nun 47.000 Pfund in der Tischmitte.

Der Graf langte zu Bomb hinüber und zog.

Dann legte er ein Paar ab. Es war das türkische Händlerpaar. Er behielt drei Karten zurück.

„Ich erhöhe um zehntausend Pfund", sagte er genießerisch.

Stille herrschte.

57.000 Pfund waren jetzt gesetzt.

Der Graf blickte auffordernd zum Shuh.

Der Shuh schüttelte den Kopf.

„Ich steige aus", sagte er leise.

Wieder schnaubte der Graf verächtlich.

Warte nur, du Widerling, dachte Bomb. Dir wird deine Überheblichkeit schon noch vergehen.

Der Shuh begann seine restlichen Karten zu verteilen: eine an Bomb, eine an Dracs und noch eine an Bomb. Die letzte Karte, die er Bomb gab, war der Schwarze Peter.

Bomb hatte jetzt fünf Karten, Dracs hielt vier in seinen Händen.

„Nun, Mr. Woodpick?" fragte der Graf höhnend. „Steigen Sie auch aus, oder machen Sie weiter?"

„Ich bringe die zehntausend", sagte Bomb.

Dann langte er zu Dracs hinüber und zog eine Karte. Er legte ein Paar ab: Es waren der chinesische Mandarin und seine Gefährtin.

Vier Karten einschließlich des Schwarzen Peters blieben ihm zurück. „Akzeptieren Sie einen Scheck, Graf?" fragte er dann.

„Selbstverständlich", erwiderte Dracs grinsend.

„Dann erhöhe ich um fünfzigtausend Pfund."

Ein Raunen machte sich im Saal breit.

107.000 Pfund waren gesetzt.

Sogar die Lakaien begannen die Hälse zu recken.

Dracs starrte Bomb ungläubig an. Seine Augen glitzerten. Er hob mit zuckender Bewegung die Schultern, als wollte er sagen: Na gut, du Wurm, wenn du es nicht anders willst!

„Ich bringe die fünfzigtausend", sagte er dann mit höhnischem Behagen.

157.000 Pfund waren jetzt im Spiel, eine phantastische Summe.

Bomb streckte dem Grafen die Karten entgegen. Er hatte immer noch den Schwarzen Peter.

Dracs zog eine Karte, vermied dabei, wie erwartet, mit

traumwandlerischer Sicherheit die Unglückskarte und legte ein Paar ab. Es waren die dunkelhäutigen Afrikaner.

Er behielt zwei Karten zurück.

Jetzt zog Bomb von Dracs.

Er zog den arabischen Scheich und legte ihn zusammen mit seiner verschleierten Partnerin ab.

Bomb hatte nun noch zwei Karten: den südamerikanischen Blasrohrindianer und den Schwarzen Peter.

Dracs hatte noch eine Karte.

Der Agent blickte zum Grafen hinüber.

Dracs war sich seiner Sache völlig sicher. Höhnische Vorfreude spiegelte sich auf seinem bleichen Gesicht.

Bomb hielt seine zwei Karten in der linken Hand vor sich.

Dann kräuselte er die Nase, als ob er nießen müßte.

Er holte mit seiner Rechten aus der Tasche seiner Smokinghose ein seidenes Taschentuch heraus und putzte sich die Nase. Als er es wieder zurücksteckte, zerdrückte er mit Daumen und Zeigefinger die Knoblauchzehe, die sich ebenfalls in der Tasche befand.

Dann begann er mit beiden Händen seine zwei letzten Karten mehrere Male zu vertauschen. Die feuchten, mit Knoblauch getränkten Fingerkuppen seiner rechten Hand benetzten sie dabei.

Endlich streckte Bomb dem Grafen die beiden Karten entgegen.

Dracs, auf dessen Antlitz sich schon der Triumph des kommenden Sieges abzeichnete, holte mit großartigem Schwung aus, um die ihm noch fehlende Karte zu ziehen.

Da, unmittelbar vor dem Zugriff, zuckte seine Hand zurück, erstarrte zur Klaue.

Bomb sah, wie sich auf dem Gesicht des Grafen ungläubiges Erstaunen und Ratlosigkeit breitmachten.

Hab' ich dich, du alter Halunke, dachte Bomb.

Er beobachtete fasziniert, welche Veränderung mit Dracs vor sich ging.

Dracs begann unruhige Blicke um sich zu werfen. Verwirrung und Panik ergriffen ihn. Seine zögernde behaarte Hand mit dem schweren Siegelring blieb mal über der einen, dann über der anderen Karte schweben, konnte sich nicht entscheiden. Ein zorniges Knurren drang aus der Kehle von Dracs. Er scharrte mit den Füßen, sein Oberkörper schwang unentschlossen vor und zurück.

Ein Raunen ging durch die Schar der Bediensteten.

Der Shuh, die Shubanuh und der Oberst betrachteten verblüfft dieses ungewöhnliche Schauspiel.

„Nun, Graf", fragte Bomb scheinheilig, „ist Ihnen nicht gut? Warum greifen Sie nicht zu?"

Dracs warf wilde, unheilvolle Blicke um sich und griff dann mit dem Mut der Verzweiflung zu.

Als er die gezogene Karte zu sich herumdrehte, wurden seine Augen blutunterlaufen. Sein halbgeöffneter Mund verzerrte sich in grimmiger Wut, seine Zähne fletschten drohend, und ein knurrendes Stöhnen drang aus seiner Kehle.

Er hatte den Schwarzen Peter gezogen.

Bomb ließ Dracs keine Zeit zur Überlegung.

„Darf ich, Graf?" fragte er freundlich und streckte die Hand nach Dracs Karten aus.

Dracs vertauschte wie rasend seine beiden letzten Karten, mischte sie, hob sie ab, mischte nochmals und hielt sie schließlich mit angstvollem, verzerrtem, totenbleichem Gesicht dem Agenten mit zitternder Hand entgegen.

Heilige Mutter von Tschenstochau, steh mir bei, mir und dem britischen Minister für Finanzen, murmelte Bomb in sich hinen.

Er griff zu und warf die gezogene Karte auf den Tisch.

Ein unterdrückter Aufschrei ging durch den Raum.

Auf dem grünen Filz lag das nackte, pralle, prachtbusige südamerikanische Indioweib. Verheißungsvoll und verlokkend streckte sie ihre üppigen Brüste heraus und lächelte 006 zu.

Bomb legte ihr das blasrohrbewaffnete Männchen an die Seite.

Er war fertig.

Er hatte gewonnen.

Das Geld – 157.000 Pfund – gehörte ihm.

Die Shubanuh war aufgesprungen.

Freudig blitzenden Auges brachte sie nur mit größter Mühe ihre Begeisterung unter Kontrolle.

Der Shuh und der Oberst gratulierten Bomb mit aufrichtiger Freude und klopften ihm anerkennend auf die Schulter.

Sogar das Kaiserinmutterschiff war aufgeschreckt und klatschte schlaftrunken in die Hände, wobei zu bezweifeln war, ob sie wußte, wem und warum sie Beifall zollte.

Graf Dracs saß wie gelähmt auf seinem Stuhl. Sein Mund war in grenzenloser Wut verzerrt. Strähnen seiner Haare hingen ihm wirr in die schweißbedeckte Stirn.

Er bot ein Bild völliger Zerstörtheit.

Aber schon nach erstaunlich kurzer Zeit gewann er seine Fassung wieder, zwang sich zur Contenance, schüttelte das unfaßbare Geschehen von sich ab.

Er erhob sich.

„Ich gratuliere, Mr. Woodpick", sagte er mit mühsam beherrschter Stimme. „Sie sind ein bemerkenswerter Kartenspieler. Es war ein Erlebnis, mit Ihnen zu spielen. Ich hoffe, wir sehen uns nicht zum letztenmal." Er starrte Bomb bezwingend an. „Da fällt mir ein, Mr. Woodpick, der Wagen, den Sie – wie ich hörte – Seiner Majestät vorzuführen die Ehre hatten, soll ein außergewöhnlich leistungsfähiges Automobil sein. Es wäre vielleicht für die rauhen Straßen meiner Besitzungen ein zweckmäßiges Gefährt. Außerdem suche ich noch ein geeignetes Geburtstagsgeschenk für meine Töchter. Wie wäre es, wenn Sie mir morgen oder übermorgen, nach Abwicklung Ihrer Geschäfte hier, den Wagen auf meinem Schloß vorführen würden? Ich bin sicher, auch meine Töchter wären sehr erfreut, wenn Sie unsere Gastfreundschaft schon bald in Anspruch nehmen würden. Oberst Babus kann Sie am besten informieren, wie Sie zu meinen Besitzungen gelangen. Ich rechne also mit Ihrem baldigen Besuch, Mr. Woodpick. Gute Nacht."

Bomb verneigte sich.

„Gute Nacht, Exzellenz."

11

Es war gegen 1.15 Uhr, als Bomb schließlich von einem rotbetreßten Lakaien zu seinem Appartement im kaiserlichen Gästetrakt geführt wurde.

Die mit weißen Möbeln, Polstersesseln und einem üppigen Bett ausgestatteten Räume wirkten sehr behaglich. Eine gut sortierte Hausbar war ebenfalls vorhanden, was Bomb veranlaßte, sich einen letzten Drink einzuschenken und die Ereignisse des Abends noch einmal an sich vorbeiziehen zu lassen.

Endlich stand er auf, gähnte herzhaft und begab sich in das kleine, elegante Badezimmer, wo er sein Necessaire schon ausgepackt vorfand.

Er hatte gerade seinen seidenen Morgenmantel, in dem er auch zu schlafen pflegte, herausgelegt, das Toupet abgenommen und seine obere Zahnprothese – drei Teleskopkronen mit sechs künstlichen Zähnen – aus dem Mund entfernt, als er es leise an seiner Tür klopfen hörte. Er zog den Mantel wieder über, stülpte sich das Haarteil auf den Kopf und packte sich die Zähne in den Mund. Er holte die Beretta unter dem Kopfkissen hervor und ging auf Zehenspitzen zur Tür. „Wer ist da?" fragte er.

„Fatima, Herr", antwortete eine weibliche Stimme leise.

Bomb öffnete die Tür einen Spalt.

Draußen stand ein schwarzhaariges, anmutiges Geschöpf von landesüblichem Typ mit Mandelaugen und niedlichen Grübchen in den Wangen. Sie trug ein odaliskenartiges Gewand mit weiten, durchscheinenden Pluderhosen, wie es Bomb schon am Abend bei weiblichen Schloßbediensteten gesehen hatte, nur war ihr knappes Mieder tiefer ausgeschnitten, es bedeckte nur sparsam zwei putzige Brüstchen.

Das Mädchen errötete unter Bombs forschendem Blick.

Und als sie Bombs behaarten und von Höhensonne gebräunten Oberkörper in dem klaffenden Seidenmantel erblickte, errötete sie ein zweites Mal.

Sie schlug die Augen nieder und legte Schweigen gebietend den Finger auf ihren Mund.

„Nur herein in die gute Stube, du Perle des Orients",

meinte Bomb vergnügt. „Du kommst goldrichtig. Ich fürchte mich nämlich allein in fremden Betten. Wer schickt dich zu mir? Der Oberst oder Seine Majestät selbst?" Das Mädchen schlüpfte herein, aber als Bomb es umfassen wollte, stemmte es die Arme gegen seine Brust und schüttelte lächelnd abwehrend den Kopf.

„Die Shubanuh schicken Fatima zu Herr", sagte sie. „Herr mögen folgen Fatima zu Herrin."

„Ach so", sagte Bomb enttäuscht, „die Pflicht ruft und nicht das Vergnügen." Er korrigierte unauffällig sein Toupet, das ihm etwas verrutscht erschien. „Jetzt gleich?"

Fatima nickte.

Bomb überlegte. War das eine Falle, und waren die Blikke, die er und die Shubanuh gewechselt hatten, beobachtet worden? Sollte er es wagen?

Er zögerte.

Dann zwang er sich zu einem Entschluß. Es mußte sein. Ungeniert warf er den Morgenrock ab, so daß Fatima einen unterdrückten Aufschrei von sich gab. Bomb schlüpfte in Hemd, Hose und Slippers. In schneller Folge absolvierte er drei, vier Liegestütze und steckte sich einen Riegel Traubenzucker in den Mund.

„Ich bin bereit", sagte er dann.

Fatima warf ihm einen bewundernden Blick zu und winkte ihm, ihr zu folgen.

Sie schlüpften auf den Gang hinaus. Der lange Korridor, dem sie nach rechts folgten und der den Gästeflügel mit dem Hauptgebäude des Palastes verband, war durch hohe Fenster von bleichem Mondlicht erleuchtet.

Bomb spähte hinaus und erblickte auf dem Flugfeld den schwarzen Düsenhelikopter von Graf Dracs. Die Maschine lauerte wie eine gefräßige Spinne im Gitternetz der Betonquadrate der Piste. Der gräfliche Widerling war also noch beim Shuh.

Bomb folgte Fatima weiter den Gang entlang, vorbei an einer langen Reihe verschlossener Türen. Vor ihnen, am Ende des Ganges, hing an der Stirnwand das überdimensionale Gemälde eines gespenstischen Reiters, der von Wölfen verfolgt wurde.

Fatima blieb stehen, drückte auf eine verborgene Leiste, das Bild schwang zur Seite und gab eine Balkentür frei. Fatima öffnete sie mit einem zierlichen Schlüssel.

„Geheimes Zutritt zum Serail – früher", erläuterte sie auf Bombs fragenden Blick. „Jetzt führen zu Gemächer von Shubanuh."

Sie schlichen weiter durch einen fensterlosen, spärlich durch Kerzen erleuchteten Gang, erklommen eine Treppe und standen schließlich vor einer weiteren verschlossenen Tür. Fatima klopfte in einem melodiösen Rhythmus an. Ein Auge erschien in einem Guckloch, die Tür öffnete sich.

Ein zweites, ebenso wie Fatima gekleidetes Mädchen, nur mit ungleich üppigerem Busen, stand vor ihnen.

Es verneigte sich vor Bomb.

Fatima flüsterte hastig ein paar Worte in ihrer Sprache, worauf das andere Mädchen Bomb neugierig betrachtete und in ein Kichern ausbrach.

Verdammtes Weibervolk, dachte Bomb ärgerlich. Sind doch überall auf der Welt gleich.

Die beiden Mädchen geleiteten Bomb durch mehrere prächtige, in Rot und Gold gehaltene Räume, schließlich in eine große Halle von verschwenderischer Eleganz, an deren

Stirnseite sich ein Thronsessel erhob, der mit Paradiesvogelfedern geschmückt war.

Offenbar war dies der Audienzsaal der Shubanuh.

Die Mädchen bedeuteten Bomb, hier zu warten. Sie verschwanden flüsternd und kichernd durch eine zweiflügelige Tür, deren Mitte mit dem goldgeschnitzten Buchstaben S verziert war.

Bomb wartete.

Der Raum war nicht beleuchtet, der bleiche Mond ergoß über die Marmorfliesen des Bodens seinen fahlen Schimmer. Draußen vor den Fenstern des Palastes sangen die Zikaden ihr monotones Lied.

Der Agent fröstelte, die Minuten verstrichen, sie erschienen ihm endlos.

Endlich kamen die Mädchen zurück.

„Die Shubanuh erwarten Herr", flüsterte Fatima, packte Bomb am Arm und schob ihn durch die hohe Doppeltür, die sich gleich darauf hinter ihm wieder schloß.

12

Als Bomb in das von wenigen Kerzen beleuchtete Gemach trat, erhob sich die Shubanuh von einer pelzbedeckten Ottomane und trat auf ihn zu. Sie hatte ihr seidiges, dunkelschimmerndes Haar gelöst, so daß es in einer weich herabfließenden Welle auf die Schulter hing.

Ihre zierliche Gestalt war in ein loses, sarongartiges Gewand von türkiser Farbe gehüllt, das mit Hunderten von Steinen übersät war, die im flackernden Schein der Kerzen glitzerten. Unter dem dünnen Stoff zeichnete sich die anmutige Rundung ihrer Hüften ab. Die junge Frau atmete tief und heftig.

Bomb sah, wie sich ihre kleinen, aber wohlgeformten Brüste hoben und senkten, und er sah das aufgeregte und aufregende Pochen einer kleinen Ader auf der Blöße ihres Halses.

Sieht gar nicht schlecht aus, sagte sich Bomb. Ist eigentlich nicht ganz mein Typ, aber objektiv gesehen ist sie nicht schlecht. Er fühlte Hoffnung in sich steigen.

„Ich danke Ihnen, Mr. Woodpick, daß Sie gekommen sind“, sagte die Shubanuh mit bebender Stimme.

Bomb beugte sich über die ihm gereichte Hand, die ein riesiger Solitär von unschätzbarem Wert zierte.

„Ich bewundere den Mut Ihrer Majestät“, murmelte er.

„Nennen Sie mich Soranda“, flüsterte die Frau und zog Bomb auf die mit Pelzen bedeckte Ottomane.

006 beugte sich erneut über die zartgliedrige Hand.

„Nennen Sie mich James“, sagte er mit stark vibrierender Stimme, wie weiland Rodolfo Valentino.

„James“, seufzte Soranda, „ich bin die unglücklichste Frau auf Erden!“

Sie neigte sich zu ihm und barg ihr Antlitz an seiner breiten Schulter. Sie schluchzte lautlos.

Bomb fühlte mit Bestürzung, wie Tränen sich aus ihren großen Mandelaugen lösten, über ihre Wangen rannen und unangenehm feucht sein Schlüsselbein näßten.

Also hat der „Daily Mirror“ doch recht, dachte er erschüttert. Was nutzt all der Reichtum und die ganze Pracht, was nutzt all das Geld und die Macht? Diese Frau ist arm, einsam und unglücklich. Und voller Sehnsucht nach einem klein bißchen Glück. Da wuchsen in Bombs Innern der Wunsch und das Verlangen, diese Aufgabe, die er bisher nur als lästige Pflicht und Routine betrachtet hatte, mit Hingabe und heißem Herzen zu erfüllen. Diese Frau verdiente es wie keine zweite, daß er sie tröstete und glücklich machte.

„O Soranda!“ sagte er mit dem stärksten Vibrato, das ihm seine etwas locker sitzende Prothese gerade noch erlaubte.

„O James!“ hauchte Soranda und sank an seine Brust. „Ich habe mich vom ersten Augenblick an nach dir gesehnt.“

Sie umklammerte ihn leidenschaftlich. Ihrer beider Lippen fanden sich. 006 begann voll zärtlicher Rücksichtnahme mit seinen Liebkosungen. Er nahm den bebenden Busen, der wie ein aufgeregtes Vögelchen zitterte, in den sicheren Hort seiner männlichen Hände. Mit Zartheit streifte er das Gewand von ihrer Schulter, so daß es wie eine duftige Wolke auf die weiche Rundung ihrer Hüfte sank. „O James“, stammelte die dahinschmelzende Herrscherin Personiens, „o James, du willst es doch auch?“

Und Ihrer Majestät Agent 006 nickte schweigend. Seine suchenden Hände erforschten den bebenden Leib Sorandas, so wie er es in den Spezialkursen der Abteilung SS (Sex and Sympathy) gelernt hatte.*

* Der britische Geheimdienst hat zwar keine speziellen Liebesakademien wie das MfS der DDR, dessen Absolventen bei den westdeutschen Sekretärinnen in Bonn so begehrt sind, aber bei der Sektion SS ist vergangenes Jahr immerhin „Lady Chatterleys Lover“ als offizielles Lehrbuch zugelassen worden. Bomb wußte also, wie man korrekt nackt durch die Wälder streift, wie man ein gemütliches Bettchen deckt und einen daraufliegenden Happen mit Blümchen garniert.

Und als seine ungeduldige Hand endlich das letzte seidene Hindernis beiseite schob, umschlang ihn die arme, unglückliche, einsame und unberührte Kaiserin mit solch sinnlicher Hingabe, daß alle seine früheren Zweifel am Gelingen seiner Mission zerstoben. Alles für die Nato, dachte Bomb, bevor über ihnen beiden die Wogen der Leidenschaft zusammenschlugen.

Als sie später glücklich und atemlos nebeneinander ruhten, umspielte ein nachdenkliches Lächeln die sonst so grausamen Lippen von 006.

Wenn ich die Story dem ‚Daily Mirror' verkaufen könnte, dachte er, hätte ich ausgesorgt für den Rest meines Lebens. Er bräuchte nicht mehr Kopf und Kragen für ein lumpiges Gehalt und eine lausige Pension hinzuhalten. Und M mit seiner Pingeligkeit bei den Spesenabrechnungen könnte ihm den Buckel herunterrutschen. 100 000 Pfund Honorar müßte er für seine Bettgeschichte mit der Kaiserin Personiens mindestens herausquetschen können.

„Woran denkst du, Geliebter?" flüsterte Soranda in der Beuge seines Armes.

„Wieviel du mir wert sein könntest", erwiderte Bomb seufzend.

„Und wieviel bin ich dir wert?" fragte Soranda verliebt.

„Mindestens hunderttausend Pf... – mindestens hunderttausend mal mehr, als alle anderen Frauen zusammen", verbesserte sich Bomb.

„Oh, ihr Engländer, ihr versteht es, Komplimente zu machen", flüsterte Soranda und kuschelte sich glücklich an Bombs Brust. Bomb fuhr ihr gerührt übers Haar. So etwas hatte er vorher noch nie gehört, und die Dankbarkeit dieser

Jungfrau erfüllte ihn mit solcher Zärtlichkeit, daß er begann, Venus noch ein zweites Mal zu huldigen.

Doppelt genäht hält besser. Diesen Rat hatte M ihm zu guter Letzt noch mit auf den Weg gegeben.

Als die Nacht schließlich ein Ende zu nehmen begann, als der bleiche Schimmer des Mondes blasser und blasser wurde und die Morgenröte sich über die östlichen Berge stahl, trennten sich die Kaiserin und der Agent Ihrer Majestät.

Später, als Fatima ihn durch das Labyrinth der Gänge zurückgeleitete, sah Bomb zur Piste des kaiserlichen Flugplatzes hinüber. Der schwarze Vogel des Grafen Dracs war verschwunden. Er hatte sich noch in der Finsternis der Nacht erhoben und war auf seinen Horst in den transsylvanischen Bergen zurückgeflogen.

Bomb öffnete die Tür seines Appartements und wandte sich zurück zu Fatima, um ihr ein Lebewohl zuzunicken, als er überraschend die Hand des Mädchens am Zentrum seiner Männlichkeit spürte. Fatimas Griff war von so bezaubernder Bestimmtheit und ihr errötendes Antlitz von so unwiderstehlichem Liebreiz, daß Bomb ihr trotz seiner Erschöpfung willenlos zum Bett folgte.

Sie drückte ihn sanft in die schwellenden Kissen und beugte sich über ihn. Das klaffende Mieder offenbarte ihm die wunderbar samtenen Täler und Hügel ihres Leibes.

Na gut, dachte Bomb seufzend, aller guten Dinge sind drei, und zog die nur Allzubereite zu sich herab.

Jetzt sollte M mich sehen, dachte er stolz, und das unvergleichliche Glücksgefühl des pflichtbewußten, erfolgreichen britischen Staatsbeamten mit Pensionsberechtigung begann ihn zu durchschauern.

13

Bomb wurde gegen neun Uhr von dem aufdringlichen Summen seines Reiseweckers wach.

Er stand taumelnd auf und brachte schlaftrunken den üblichen gymnastischen Firlefanz hinter sich, der ihn diesmal fast an den Rand eines körperlichen Zusammenbruchs brachte.

Er rasierte sich zitternd, duschte bibbernd und schlüpfte unter Ächzen in einen leichten Khakidreß.

Kurz vor halb zehn Uhr zog er an dem Klingelzug neben seinem Bett, um einen dienstbaren Geist herbeizurufen.

Gott sei Dank erschien nicht Fatima, sondern ein ältlicher Lakai, der ihn auf sein Geheiß hin zum verabredeten Frühstück mit dem Obersten führte.

Der Schwager des Shuh erwartete ihn in einem kleinen Kabinett im ersten Stock des Palastes, wo für sie bereits ein üppiger Imbiß aufgetragen war. Von den hohen Fenstern aus hatte man einen herrlichen Blick auf die rosenübersäten Flächen der kaiserlichen Gärten.

Der Oberst warnte ihn wiederum mit einem bedeutungsvollen Blick gegen die Zimmerdecke vor versteckten Mikrophonen, daher beschränkte sich ihre Unterhaltung, während sie aßen, auf automobile Fachsimpeleien und touristische Belanglosigkeiten.

Bomb vereinnahmte dabei ein halbes Dutzend Regenerations-Aufbaupillen, eine Gabe der Sektion SS, die er mit großen Schlucken von Milch und Orangensaft hinunterspülte.

Anschließend begaben sie sich auf das Gelände des kaiserlichen Fuhrparks und besprachen die Sonderwünsche des Monarchen für seine Neuerwerbungen. Endlich, während einer nochmaligen Probefahrt, konnten sie ungestört reden.

„Ich weiß nicht recht, Mr. Bomb“, sagte Oberst Babus sorgenvoll, „ob Sie dieser Einladung von Dracs wirklich folgen sollen. Er ist, wie Sie ja bemerkt haben dürften, ein überaus gefährlicher Mann und nach seiner gestrigen Niederlage bestimmt ein unversöhnlicher Gegner von Ihnen. Daß Sie sich jetzt direkt in die Höhle des Löwen begeben wollen, gefällt mir ganz und gar nicht. Ein Unglück auf der Reise, ein Jagdunfall oder ähnliches ist schnell inszeniert. Niemand wird es wagen, gegen den mächtigen Innenminister und den Chef der Geheimpolizei auch nur die Andeutung eines Verdachtes zu äußern oder gar eine Untersuchung in Gang zu bringen. Außerdem wären die ermittelnden Behörden ja seine Individuen. Nein, Mr. Bomb, Sie sollten die Einladung unter irgendeinem Vorwand ausschlagen und so schnell wie möglich nach England zurückfliegen. Dracs wird sich rächen, wenn Sie für ihn erreichbar bleiben, glauben Sie mir!“

Bomb schwieg bedrückt. Der Oberst hatte zweifellos recht. Außerdem hatte er den Großteil seiner Aufgabe eigentlich schon erfüllt. Zumindest hatte er es, was die personische Thronfolge anbelangte, versucht. Dazu hatte er noch einen schönen Batzen Geld eingestrichen, die Unkosten des Unternehmens waren um ein Vielfaches gedeckt. Er hatte gar keine Lust mehr, hier noch weiter herumzuhängen.

Auf der anderen Seite wußte er genau, M würde ihm den Kopf abreißen, wenn er jetzt den Schwanz einzog. Was sollte er also tun?

Es war schon eine verflixte Situation.

Bomb seufzte. „Oberst", sagte er dann, „die Entscheidung liegt leider nicht in meinem Ermessen. Sie muß höheren Ortes gefällt werden. Glauben Sie, ich kann aus dem Palastbereich einen Funkspruch aufgeben?"

„Vom Wagen aus? Verschlüsselt?" fragte der Oberst, und als Bomb nickte, meinte er: „Wenn wir dabei etwas in der Gegend herumfahren und der Funkspruch nicht länger als zwei Minuten dauert, dürfte die Gefahr, angepeilt zu werden, ziemlich gering sein. Ich denke, wir können es riskieren."

Sie begannen also, kreuz und quer die Umgebung des Palastes zu durchfahren.

Bomb rief London und berichtete in Stichworten vom Vorabend:

> „An M. Dringend!
>
> 1. Sieg über Dracs beim Black Peter und Gewinn von zirka 100.000 Pfund.
> 2. Frage, ob Einladung auf gräfliches Schloß angenommen werden soll.
> 3. Freundliche Fregatte mit zwei Torpedos angegriffen."

Das war das vereinbarte Stichwort für M, daß der angestrebte Kontakt mit der Shubanuh stattgefunden hatte.

Zum Schluß fügte Bomb noch die Buchstabenkombination SFA hinzu. Das bedeutete „Super Fast Answer" – schnellste Antwort ist erforderlich.

Zehn Minuten später funkte London zurück. Es waren nur drei Sätze.

Bomb dechiffrierte:

„ad 1. Gewinn keinesfalls als Spesen verwenden, wird dem Schatzamt zugeführt.

ad 2. Einladung annehmen.

ad 3. Hoffentlich Volltreffer und keine Blindgänger."

Bomb lächelte grimmig. Der gute, alte, eifersüchtige M.

Der Agent wandte sich an den Oberst: „Sie sehen, London will, daß ich die Einladung annehme."

Der Oberst nickte sorgenvoll. „Ich habe es befürchtet, Mr. Bomb."

„Dann sollten wir jetzt zu meinem Büro fahren. Sie müssen sich mit der Reiseroute vertraut machen. Sie erhalten von mir eine Spezialkarte, denn das Schloß des Grafen ist als Privatsitz des Innenministers aus Sicherheitsgründen auf öffentlichen Karten nicht verzeichnet. Es existiert gleichsam nicht."

14

Es war gegen 17 Uhr, als Bomb mit dem Jensen FF Personalia verließ. Er fuhr auf der Autobahn Nr. 7 Richtung Osten auf die transsylvanische Gebirgskette zu, die zirka 100 Meilen hinter dem Horizont lag. Diese Schnellstraße, die nach 90 Meilen enden würde, war mit amerikanischen Highways oder europäischen Autobahnen nicht vergleichbar.

Sie war eine zerbröckelnde Betonpiste, die streckenweise vom Flugsand der rechts und links liegenden Wüste verschüttet war. Auf ihr rumpelten abenteuerliche, uralte Motorfahrzeuge, die oft nur 20 Meilen in der Stunde schafften und die ihrerseits zeitraubend langsam dahintrottende Maultier- und Eselsgefährte überholten, so daß Bomb sich aufgrund dieser Widrigkeiten und Hindernisse erst nach zwei Stunden dem Ende der Autobahn näherte.

Die Landschaft begann sich hier langsam zu verändern.

Am Rande der großen Ebene, die die Hauptstadt von den östlichen Gebirgsketten trennte, wich die Wüste sanft ansteigenden Hügeln mit taigaartiger Vegetation, die ostwärts weiter anstiegen, um sich dann mit den dunklen Wäldern der transsylvanischen Berge zu überziehen.

Auf den letzten Kilometern der befestigten Straße tauchte ein von der Wüstensonne ausgebleichtes, mannshohes Schild am Straßenrand auf. Auf ihm stand in personischen Buchstaben Unverständliches, darunter verkündete es kleiner in Englisch: „Last Drive Inn before the road ends". Bomb, verschmutzt, staubbedeckt und durstig, fuhr rechts hinaus und hielt vor einem pinkfarbenen, abblätternden Blechschuppen auf einem der markierten Stellplätze. An der Hauswand lehnte eine vergilbte Tafel, die mit Knoblauchbündeln bekränzt war und diverse Speisen und ihre Preise aufzählte.

Ein altes Weiblein, in der hier landesüblichen Tracht – weiße Leinenbluse, buntgewirktes Mieder, gestreifter baumwollener Minirock und rote Stiefelchen – kam ihm auf Rollschuhen entgegengesaust.

Neugierig musterte sie den ausländischen Wagen und lachte Bomb mit zahnlückigem Mund freundlich zu.

„Essen gut, Trinken gut, junger Herr!" krächzte sie in schauderhaftem Englisch.

Bomb nickte und bestellte nach der Tafel aufs Geratewohl einen Big Mac und eine Jocola, was immer das sein mochte.

Die Alte rollte davon und kam binnen kurzem mit dem Bestellten auf einem Tablett zurück, das sie an Bombs herabgekurbeltem Seitenfenster einhängte. Der Big Mac war ein dreifacher Mamalica-Burger. Er bestand aus einem bröseligen Maismehlbrötchen mit Fleischfüllung, der einheimischen sogenannten Impletata, und großen aufgeweichten Sauerampfersalatblättern. Das Jocola war eine lauwarme, bräunlich schillernde Mischung aus Lizenzcola und Schafsjoghurt.

Während Bomb diese Köstlichkeiten hinunterwürgte und wieder einmal mit seinem Beruf haderte, umkreiste die Alte mehrmals mit Lauten der Bewunderung auf quietschenden Rollschuhen seinen Wagen. Dann hielt sie wieder bei Bomb an und lächelte ihm mit ihren lückigen Zähnen vertraulich zu.

„Wohin so spät, junger Herr?“ radebrechte sie in ihrem fürchterlichen Slang.

Es lebe die US-Army, die Jungs verbreiten Sprache und Kultur über die ganze Welt, dachte Bomb.

„Schon spät, schnell Nacht, bald dunkel“, warnte die Alte weiter. „Wohin fahren?“

„Nicht mehr weit, nach Transsylvanien, Muttchen“, antwortete Bomb. „Zum Gorgo-Paß.“

Die Alte fuhr erschrocken zurück.

„Gorgo-Paß! Vrolog-Pokol!“ stieß sie hervor. „Vrolog-Pokol! Dracul-Dracul!“

Sie bekreuzigte sich hastig und sah Bomb flehentlich an.

„Nicht fahren, junger Herr. Viel Geister, viel böse. Bleiben hier, junger Herr! Können schlafen bei Babuschka.“

Sie deutete lockend auf sich.

„Nix kosten für schöne, junge Herr."

Bomb fuhr schaudernd zurück. Dann doch lieber zu Dracs.

Er lächelte abwehrend und zahlte seine Zeche, wobei er ein großzügiges Trinkgeld gab. Die Alte starrte ungläubig auf das viele Geld, und ehe er es verhindern konnte, küßte sie dankbar seine Hände. Dann zog sie einen billigen Rosenkranz aus ihrem verschrumpelten Dekolleté und drückte ihn ihm in die Hand.

„Um Mutter deiniges willen", flüsterte sie, schlug nochmals das Kreuz, und als Bomb mit aufheulendem Motor in den heraufdämmernden Abend startete, streckte sie dem Scheidenden abwehrend zwei ausgestreckte Finger nach: Das uralte Zeichen zur Abwehr von Dämonen.

15

Die Autobahn war zu Ende. Der Verkehr war weniger und weniger geworden. Jetzt, da Bomb von der betonierten Fahrbahn auf die alte geschotterte Handelsstraße wechselte, die nach Osten die Verbindung der Hauptstadt mit den alten asiatischen Handelszentren jenseits des Gebirges darstellte, begegnete er fast nur noch Maultier- und Eselskarren.

Die Straße stieg höher und höher, die Sonne sank gleichzeitig tiefer und tiefer. Fuhr er die erste halbe Stunde auf der alten Karawanenstraße noch durch hügeliges, buschiges und karstiges Land, so schoben sich jetzt dunkle Wälder und schroffe Berggipfel näher an ihn heran.

Nach einer Stunde tauchte linker Hand eine Abzweigung auf. Bomb hielt und orientierte sich anhand der Karte, die ihm der Oberst mitgegeben hatte und auf der mit rotem Stift die Fahrtroute eingezeichnet war. Dies mußte die Abzweigung zum Gorgo-Paß sein.

Bomb bog langsam auf die holprige, unbefestigte Straße ein. Nach wenigen Minuten hielt er abermals. Zwischen dunklen Fichten am Wegrand stand eine kleine Kapelle, die Tür mit wilden Knoblauchblüten behängt. Neben ihr wies ein verwittertes Holzschild, auf dem in ungelenken Buchstaben das Wort „Gorgo" stand, in Richtung der schneebedeckten, wilden Gipfel.

Er war auf dem richtigen Weg.

Die Sonne versank hinter den Bergen. Es wurde kühl, und die langen Schatten der Dämmerung krochen in das Tal. Die Straße führte in endlosen Kurven höher und höher, in immer dichtere und finsterere Wälder. Bomb schaltete das Licht an.

Nebelfetzen begannen die Bergwände emporzusteigen. Tiefe Schluchten drohten mal rechts, dann wieder links des schmalen Fahrweges. Die Sicht wurde schlechter. Bomb mußte mit dem Tempo erheblich herunter, trotzdem rettete ihn ein paarmal nur heftiges Bremsen vor dem Abrutschen über die Hangkante.

Bomb begann die Fahrt zu verwünschen.

Mit zunehmender Höhe wurde der Nebel dichter und dichter. Dann begann es, in den Nebel hineinzuregnen, die Straße wurde schmierig und glitschig, die Serpentinen wurden enger und steiler. Es wurde kälter. Der Nieselregen ging in Schneegestöber über.

Ohne den Allradantrieb des Jensen wäre er jetzt verloren gewesen.

Das dichte Schneetreiben, die mangelnde Sicht, das Gepolter des Gesteins unter den Rädern zerrten an Bombs Nerven.

Dann plötzlich ging die Steigung des Weges in einen waagerechten Abschnitt über, und Bomb hatte zu tun, den Wagen vor einem alten, geschlossenen Schlagbaum zum Halten zu bringen. Rechts von ihm stand ein halbverfallenes Wachhäuschen.

Bomb hupte ungeduldig.

Keine Menschenseele war zu sehen. Er stieg aus und stapfte durch das dichte Schneegestöber um den Wagen herum.

Die Hand an der Beretta, spähte er in das Wachhaus.

Es war leer. Über der Tür stand in groben Buchstaben: Gorgo-Paß – Douane.

Er war an der alten transsylvanischen Grenze angelangt.

Bomb trat zur Schranke und lehnte sich auf das vermooste Steingewicht. Unter rostigem Quietschen hob sich der Schlagbaum.

Er ging zum Wagen zurück und passierte die Grenze.

Das Schneegestöber wurde noch dichter. Der Wind rüttelte an den Wagenfenstern, manchmal gemahnte er an das Heulen von Wölfen. Die Sicht betrug jetzt nur noch wenige Meter. Bomb konnte sich fast nur noch im Schrittempo vorwärts bewegen, als plötzlich links und rechts des Weges paarweise gelbe Lichter aufflackerten.

Dem Grafen sei Dank. Er hatte offensichtlich in seinem Bereich dem Fortschritt die Tür geöffnet und Leitpfähle angebracht, und mit Hilfe dieser phosphoreszierenden Augen kam Bomb wieder schneller voran. Er schaltete den größeren Gang ein, und nach Durchqueren einer kleinen Senke stieg der Weg jetzt steil an. Er wurde enger und dunkler, aber die flackernden Lichter wiesen ihm unbeirrbar den Weg.

Plötzlich polterten die Reifen auf den hölzernen Bohlen einer Brücke. Vor ihm ragte ein riesiges hölzernes Tor im Licht seiner Scheinwerfer auf. Ein hoher steinerner Bogen wölbte sich vor ihm. Über diesem ragten steile Zinnen in den düsteren Himmel. Das Schloß des Grafen. Der Agent war an seinem Ziel angelangt.

Bomb spähte vergeblich nach einem Klingelzug. Er wollte sich gerade mit einem Hupkonzert bemerkbar machen, als das mächtige Eichentor, wie von Geisterhand bewegt, knarrend aufschwang.

Bomb fuhr im Schrittempo in den Hof des Schlosses ein. Es war ein riesiges Gebäude. Der Innenhof, ein Geviert von zirka 500 Fuß, wurde von drei Seiten vom hohen, düsteren Gemäuer des Schlosses umgeben. In der Mitte, gegenüber der Toreinfahrt, erhob sich das Hauptgebäude, von zwei himmelhohen Türmen flankiert, von denen der linke höhere, offensichtlich der Bergfried, sich wohl an die 150 Fuß erhob. Links und rechts wurden die Seitenflügel ihrerseits durch mächtige Türme begrenzt, die durch eine hohe Wehrmauer, durch die das Eingangstor führte, verbunden waren.

Bomb fuhr vorsichtig auf dem gepflasterten Karree weiter, an dessen linker Seite er die Umrisse von Dracs Helikopter erkannte. Unter dessen Rotorblättern duckte sich die rote Karosserie eines Sportcoupés.

Bomb näherte sich langsam mit gedrosseltem Motor der großen Treppe in der Mitte des Hauptgebäudes, auf deren

Stufen eine dunkle Gestalt auf ihn wartete. Als er näher kam, erkannte er die gestreifte Weste und die seidenen Strümpfe eines Butlers. Der Kerl allerdings, der in so vornehmer Gewandung steckte, hatte ein wölfisches Galgenvogelgesicht, in dessen Miene sich kein Muskel regte.

Bomb stieg aus.

„Mr. Woodpick?“ fragte der Bedienstete mit hohler Stimme. „Ich habe den Auftrag, Sie auf Ihr Zimmer zu bringen, Sir. Sie werden sich nach der Reise frischmachen wollen. Darf ich Sie um Ihr Gepäck bitten?“

Bomb öffnete den Kofferraum. Der Diener nahm Bombs große schweinslederne Kleidertasche an sich.

„Der Graf erwartet Sie in einer halben Stunde zum Abendessen unten in der großen Halle. Ist es Ihnen recht, Sir?“

„Es ist mir recht“, sagte 006 und folgte dem Lakaien ins Schloß.

16

Als Bomb, zum Diner umgezogen, in die große Halle trat, die durch ein knisterndes Kaminfeuer nur teilweise erhellt wurde, wartete schon Graf Dracs im Smoking auf ihn.

In seinen Augen spiegelte sich der flackernde Schein der rotglühenden Holzscheite.

„Willkommen auf meinem Schloß“, sagte er mit dröhnender Stimme. „Ich darf Sie zunächst mit meinen Töchtern Millarca und Carmilla bekannt machen, Mr. Woodpick.“

Bomb erblickte eng nebeneinander auf einem zweisitzigen

Sofa vor dem Kamin die attraktivsten Zwillinge, die er je gesehen hatte. In dem blassen, schmalen Gesichterpaar, von rotem, straff nach hinten gekämmtem Haar gerahmt, glühten dunkle Augen unter hohen geschwungenen Brauen.

Ein geheimnisvolles, lockendes Lächeln umspielte rote, sinnliche Lippen und enthüllte vier Reihen schneeweißer kräftiger Zähne. Vier hohe spitze Brüste zeichneten sich deutlich unter der schwarzen Seide ihrer Gewänder ab, die nach unten in gerafften Kaskaden über schlanke Hüften fielen und dann über langgestreckte Schenkel gleißend herabflossen.

Bomb fühlte Schauer der Erregung und des Verlangens in sich aufsteigen, als er die beiden Händepaare, die sich ihm entgegenstreckten, an seine Lippen hob.

Hierbei entdeckte er, daß die beiden zauberhaften Geschöpfe unter den einander zugewandten Achseln bis in die Höhe des unteren Rippenbogens miteinander verbunden waren.

Graf Dracs bemerkte seinen Blick und lächelte gezwungen.

„Millarca und Carmilla sind eins, Mr. Bomb“, sagte er. „Meine geliebten Töchter sind siamesische Zwillinge.“

Bomb war verlegen.

„Warum sollten wir nicht darüber reden“, rief Graf Dracs, „es ist nichts Peinliches daran. Millarca und Carmilla haben zusammen nur ein Herz, und das liegt in der Mitte zwischen den beiden Leibern. Das macht sie unzertrennbar, nicht wahr, meine Lieben?“

Im Gleichklang einer katzenhaften Bewegung erhoben sich die beiden Mädchen.

„Wir können uns nie trennen, Mr. Woodpick“, sagte Millarca.

„Wir machen alles zu zweit“, sprach Carmilla.

„Wir erleben so viel miteinander“, sagte Millarca, „was wir einzeln nie erleben könnten“, sprach Carmilla.

Bomb war hingerissen.

„Ich bin entzückt, meine Damen“, sagte er. „Ich fürchte nur, ich werde Sie dauernd verwechseln.“

„Das ist nicht weiter tragisch“, sagte Millarca lächelnd.

„Das kann sogar sehr amüsant sein“, meinte Carmilla kokett.

Bomb war fasziniert. Daß es so etwas gab, ein Doppelweib von solcher Klasse. Das war die ideale Frau schlechthin.

Wenn man allein an den Haushalt dachte: Die eine Hälfte wusch das Geschirr, die andere trocknete ab. Die eine schälte Kartoffeln, die andere putzte das Gemüse. Die eine brühte den Kaffee, die andere belegte die Sandwiches – von anderen Tätigkeiten ganz zu schweigen.

Das Erscheinen des bleichen Butlers, der die Tafel als angerichtet meldete, riß Bomb aus seinen Träumen.

Graf Dracs und Bomb geleiteten das Schwesternpaar zu seinem Platz an der Längsseite des Tisches. Dann ließen sich der Minister und der Agent an den schmalen Seiten der langen Tafel nieder.

„Ich hoffe sehr, daß Ihnen unsere einfache ländliche Kost munden wird“, sagte Graf Dracs zu Bomb, als der bleiche Diener die Speisen aufzutragen begann.

„Ich bin sicher, Euer Exzellenz“, sagte Bomb. Er hatte einen Wolfshunger.

Als Auftakt gab es eine überaus schmackhaft gewürzte, tiefrote Suppe. Bomb hob nach dem ersten Löffel fragend die Brauen.

„Das ist eine Suppe aus gerührtem Persianerblut, aus dem Blut ungeborener Lämmer“, erklärte ihm Dracs, wobei er genießerisch aus seinem Löffel schlürfte. „Es ist eine Spezialität dieser entlegenen, einsamen Täler. Ich hoffe, sie findet Ihren Beifall.“

Bomb nickte zustimmend. Es schmeckte wirklich ganz vorzüglich. Als Gastgeber jedenfalls war Graf Dracs nicht übel.

Als nächstes gab es dunkelrot gesottene Flußkrebse, in einer Sauce aus orangeroten Vogelbeeren, eine raffiniert Ton in Ton gehaltene kulinarische Kombination.

„Und wie war die Fahrt, Mr. Woodpick?“ fragte ihn Graf Dracs.

„Bis zum Paß nicht gerade ein Spaziergang“, erwiderte Bomb. „Aber auf Ihrem Territorium war es dann wesentlich einfacher, sich auf der Straße zurechtzufinden. Die Leitpfähle mit ihren leuchtenden Reflektoren waren eine große Hilfe.“

„Leitpfähle, Reflektoren?“ rief Graf Dracs spöttisch lachend. „Sie müssen sich irren, Mr. Woodpick. Leitpfähle gibt es im ganzen Land nicht.“

„Aber ich habe sie doch gesehen und mich danach gerichtet“, widersprach Bomb.

Die Töchter des Grafen kicherten, und Dracs lachte gutmütig.

„Mein lieber Mr. Woodpick, was Sie für Reflektoren an Leitpfählen gehalten haben, waren die Augen der Wölfe, die nächtens an den Straßenrändern auf Beute lauern.“

Bomb erbleichte.

Mein Gott, nicht auszudenken, wenn er wegen eines kleinen Bedürfnisses den Wagen hätte verlassen müssen!

„Ja ja, Mr. Woodpick“, sagte Dracs spottend, „es ist nicht ganz gefahrlos, hier zu reisen.“

Als Hauptgang trug der Butler riesige blutige Steaks von reizvollem wildartigem Geschmack herein, dazu ein Püree aus roten Beeten und gedünstetem Rotkraut. Ein herrlicher, schwerer blutroter Landwein wurde dazu serviert.

„Da haben Sie Ihre Widersacher“, erläuterte Dracs auf Befragen Bombs. „Das ist Wolfsfleisch, das Fleisch der blutrünstigsten Bestie unserer Berge. Es ist besser, wir fressen sie, als sie uns. Dem werden Sie nach Ihrem Erlebnis wohl zustimmmen? Wir schießen sie bei Vollmond, da ist das Fleisch am saftigsten, so sagt jedenfalls der Volksmund, aber das ist wohl Aberglaube.“

„Ich mag es am liebsten als Tatar“, warf Millarca dazwischen.

„Aber es muß noch warm sein“, fügte Carmilla hinzu und fuhr sich genießerisch mit der Zunge über die Lippen.

Bomb aß mit großem Appetit. Eine Mischung aus Heißhunger und Erleichterung über die durchstandene Gefahr erfüllte ihn.

Ein Dessert aus Blutorangen, übergossen mit einem Schuß roten Brombeerlikörs, beendete das Diner.

Das ganze Essen war eine Orgie in Rot gewesen.

Millarca und Carmilla warfen Bomb die ganze Zeit über feurige Blicke zu, sie steckten die Köpfe zusammen, tuschelten und kicherten. Sie ließen ihn nicht aus den Augen, und als Bomb beim Fleischgang sich unvorsichtigerweise mit dem Messer einen winzigen Ritzer am linken Zeigefinger beibrachte, so daß zwei kleine Tropfen Blutes aus seiner Haut traten, glitten die beiden Schwestern geschwind von ihrem Stuhl, ergriffen Bombs Hand, und ehe er sich's versah, saugten sie blitzschnell die beiden roten Perlen von seinem Finger.

Auch Graf Dracs hatte sich erhoben.

Seine Augen blitzten auf. „Carmilla und Millarca, laßt das! Was soll unser Gast von uns denken?“

„Aber ich bitte Sie, Graf“, sagte Bomb geschmeichelt, der mit wohligem Schaudern die Lippen der beiden geschmeidigen Geschöpfe auf dem Glied seines Fingers spürte. „Ich finde es reizend, daß die beiden jungen Damen so um mich besorgt sind.“

Widerwillig kehrten die beiden Schwestern auf ihren Platz zurück.

Endlich war das Mahl beendet.

Dracs und Bomb zogen sich nach englischer Sitte zu einem Brandy, von dem Dracs – überflüssig, zu sagen – einen ganz ausgezeichneten besaß, und zu einer gut gelagerten Davidoff in die angrenzende Bibliothek zurück.

Nachdem Dracs Bomb Feuer gegeben hatte, rückte der Graf mit der Sprache heraus.

„Mr. Woodpick“, begann der Graf, „Sie sind ein Mann mit außergewöhnlichen Qualitäten! Widersprechen Sie mir nicht!“

Bomb verbeugte sich wortlos.

„Sie sollten sich mit einem Mann von außergewöhnlichen Ambitionen zusammentun. Mit einem Mann wie mir.“

Bomb blieb stumm.

„Sie sind“, fuhr Dracs fort, „ein Mann von Welt, ein weitgereister Mann, ein cleverer Mann, ein Mann, sagen wir – verzeihen Sie, ich hoffe, Sie nicht zu kränken, – von einer gewissen moralischen Großzügigkeit. Ich habe dies bei unserem gemeinsamen Spielvergnügen im Palast festgestellt. Ich könnte einen solchen Mann sehr wohl brauchen, als Sekretär, als rechte Hand, als Vertrauten."

Er unterbrach sich und richtete seine durchdringenden Augen auf Bomb.

Der Kerl will mich umdrehen, dachte Bomb, verbarg aber jede sichtbare Reaktion.

Der Graf fuhr fort: „Meine Geschäfte weiten sich aus, nicht nur über Personien, sie beginnen sich über die Grenzen hinaus zu erstrecken, über Länder, Kontinente, sogar weltweit. Es sind politische, soziale und wirtschaftliche Aktivitäten, die eines Tages, Sie mögen das im Moment für übertrieben halten, sogar unsere Welt verändern könnten. Leider sind meine Kräfte nicht unversiegbar, diese Aufgaben überfordern einen einzelnen Mann, der noch dazu durch eine Laune der Natur nur durch strikte Ruhe tagsüber in aller Abgeschiedenheit seine Kräfte neu gewinnen kann."

Er hielt inne, als habe er schon zuviel gesagt.

Als er Bombs neugierigen Blick auf sich gerichtet sah, fügte er hinzu: „Sie haben vielleicht schon davon gehört, daß eine unerklärliche Empfindlichkeit, eine rätselhafte Allergie gegenüber dem Sonnenlicht, mir es nur erlaubt, meinen Geschäften des Nachts oder in geschlossenen Räumen nachgehen zu können, was ein erhebliches Handikap darstellt."

Wieder hielt er inne, seine stechenden Augen auf Bomb gerichtet.

Ich glaube schon, daß du das Tageslicht scheust wie jeder Ganove, dachte Bomb.

„Kurzum", fuhr der Graf fort, „ein Mann von Ihren Qualitäten wäre mir eine immense Hilfe, die natürlich auch entsprechend honoriert würde. Sie sollten sich das einmal überlegen, Mr. Bomb. Könnten Sie sich zu einer grundsätzlichen Zustimmung entschließen, würde ich Sie mehr Details Ihrer zukünftigen Aufgaben wissen lassen. Einzelheiten, über die ich zu diesem Zeitpunkt, wie Sie sicher verstehen werden, noch nichts verlautbaren kann.

Doch nun genug von Geschäften", unterbrach er sich, „gehen wir hinüber zu den Damen, die sicher schon ungeduldig auf uns, das heißt natürlich auf Sie, warten. Es ist mir nicht entgangen, daß Sie auf großes Interesse bei meinen beiden Töchtern gestoßen sind. Sie sollten sie nicht zu lange auf die Folter spannen."

Er erhob sich und trat mit Bomb in die Halle zurück, wo die beiden schmiegsamen Geschöpfe ihrer harrten.

Nach einer halben Stunde angeregter amüsanter Unterhaltung, die sich hauptsächlich um Hofklatsch am kaiserlichen Palast drehte, ließ sich Dracs vernehmen: „Mr. Woodpick, ich denke, Sie werden es einem alten Mann verzeihen, wenn er sich nun zur wohlverdienten Ruhe zurückzieht. Bleiben Sie bitte noch in Gesellschaft meiner Töchter. Ich bin überzeugt, sie werden alles tun, um Ihnen Ihren Aufenthalt als Gast in meinem Hause so angenehm wie möglich zu machen. Gute Nacht, Mr. Woodpick. Millarca und Carmilla, unterhaltet unseren Gast – aber überfordert ihn nicht", fügte er merkwürdig mahnend hinzu.

Er erhob sich und ließ Bomb bei seinen Töchtern zurück.

17

Als Bomb nach tiefem, traumlosem Schlaf in seinem überbreiten Gästebett mit dem Eichenholzbaldachin emporschreckte, tastete er nach rechts und links neben sich. Das Bett war leer.

Millarca und Carmilla waren verschwunden.

Er warf einen Blick auf seine Rolex: 10.30 Uhr. Mühsam sammelte er seine Gedanken. Nur zögernd und in Bruchstücken kehrte die Erinnerung zurück.

Mein Gott, war das eine Nacht gewesen!

Er hatte einmal vor ein paar Jahren eine Nacht mit zwei Go-Go-Girls in Singapur verbracht und hatte einmal mit zwei Luxusnutten aus Soho geschlafen. Gegen Carmilla und Millarca war das alles kalter Kaffee gewesen.

Wie war das doch alles gekommen?

Kaum war der alte Dracs verschwunden, begannen die beiden auch schon, Bomb zu umgarnen.

Sie ließen den bleichen Butler eine Langspielplatte mit Liedern von Frank Sinatra auflegen und eine Magnumflasche Veuve Clicquot Ponsardin bringen, dann schickten sie den stimmungstötenden Hausgeist ins Bett.

„James", flötete Millarca, „meine Schwester und ich würden sehr gern einmal mit einem englischen Gentleman tanzen."

Bomb erhob sich bereitwillig, aber etwas unsicher. Getanzt hatte er mit zwei Frauen noch nie. Aber die beiden legten einfach seine Arme um ihre Taillen und preßten sich eng an ihn.

Wange an Wange glitten sie über das Parkett, während Frankieboy seinen alten Evergreen „Bewitched" sang.

„Ihr seid zum Anbeißen, ihr Süßen", flüsterte Bomb.

„Jamesy-Junge ist auch zum Anbeißen", kicherten die beiden.

Millarca knabberte am Ohrläppchen links, Carmilla am Ohrläppchen rechts, sie kraulten seinen Nacken, hauchten Küßchen auf seine Wangen. Vier Schenkel preßten sich an die seinen. Selbst der heilige Antonius hätte bei diesen zwei Hexen keine Chance gehabt.

Bomb wurde zum Sofa herniedergezogen, Champagner floß in Strömen, Hände tasteten an seinen Schenkeln, fordernde Lippen preßten sich auf die seinen. Im Galopp schließlich rannten sechs Beine die Treppe zu Bombs Zimmer hinauf. Gläser und die Magnumflasche Champagner mit sich schleppend, fielen die drei auf das riesige Bett.

Bomb wurde in rasender Eile und unter glucksenden Entzückungsschreien entkleidet. Die Zwillinge glitten unter seidigem Rascheln aus ihren Gewändern, dann wurde der willenlose, aufs höchste erregte Agent Ihrer Majestät von zwei nackten Leibern bedeckt und vereinnahmt.

Die Wollust raste.

Bomb glaubte Dutzende von Händen auf seiner Haut zu spüren. Brüste und Bäuche preßten sich an ihn, Zungen umspielten, leckten und saugten an ihm, zu jeder Zeit und an jeder Stelle seines Körpers.

Münder verschlangen ihn, Fleisch sog ihn auf.
Stöhnen und Schreie umgaben ihn.
Carmilla und Millarca waren unersättlich.

Die beiden hatten das Letzte von ihm gefordert und erhalten.

Die Erinnerung an die rasende Wollust ließ jetzt eine fast schmerzhafte Sehnsucht nach seinen nächtlichen Gefährtinnen aufkommen.

Bomb versuchte sich aufzurichten, sank aber mit einem ächzenden Wehlaut wieder in die Kissen zurück. Jeder einzelne Muskel tat ihm weh. Schwindel überfiel ihn. Wahrscheinlich hatte er sich doch übernommen.

Die zahlreichen Drinks, das üppige, schwere Essen, das exzessive Bumsen und nur knapp dreieinhalb Stunden Schlaf, das alles war zuviel gewesen.

Er war völlig ausgepumpt.

Er blickte an sich hinunter. Nein, es war doch besser, daß er nicht neben Carmilla und Millarca erwacht war. Er wäre nicht imstande gewesen, ihnen einen strammen Morgengruß zu entbieten.

Bomb richtete sich vorsichtig auf der Kante seines Bettes auf, tastete nach dem Döschen mit Vitaminpillen und Anabolika auf dem Nachttisch, erhob sich schwankend und taumelte ins Badezimmer hinein.

Er füllte ein Glas mit kaltem Wasser, starrte eine Sekunde gedankenleer auf die farblose Flüssigkeit und stürzte sie dann mit den Tabletten hinunter.

Er schüttelte sich.

Es ging ihm nun eine Spur besser.

Er wollte in den Spiegel über dem Waschbecken blicken,

aber es hing kein Spiegel über dem Waschbecken. Er blickte sich suchend um.

Merkwürdig!

Das Badezimmer war mit allem erdenklichen Komfort ausgestattet, aber es war kein Spiegel da. Kopfschüttelnd holte er seinen Rasierspiegel aus seinem Necessaire hervor und blickte hinein.

Er erschrak.

Ein leichenblasses, blutleeres Antlitz mit tief in den Höhlen liegenden Augen starrte ihm entgegen. Blaulivide Lippen verzogen sich zu einem schmerzlichen Grinsen und entblößten dabei blutleeres Zahnfleisch mit gelblichen, vorstehenden Zähnen.

Rechts und links in Höhe seines Adamsapfels erblickte er zwei dollargroße Knutschflecken an seinem Hals; auch seine Schultern waren mit blutunterlaufenen Schrunden und Kratzern bedeckt.

Bomb stöhnte auf.

Herrgott, hatten sie ihn hergerichtet! Er sah aus, als wäre er in einen Mähdrescher geraten.

Mühsam begann er sich zu waschen und zu rasieren. Das Rasierwasser brannte höllisch in seinen Wunden. Er schlüpfte unter Qualen in seinen schwarzen Dressinggown, der ihm für dieses düstere Schloß als passende Gewandung erschien. Dann zog er an der Klingelschnur neben der Tür seines Zimmers.

Der bleiche Butler mit dem wölfischen Galgengesicht trat nach wenigen Augenblicken geräuschlos in den Raum.

„Guten Morgen“, sagte Bomb mühsam. „Wann gibt es Frühstück? Sind die Herrschaften schon auf?“

Der bleiche Lakai öffnete seinen Mund und brachte mit

hohler Stimme hervor: „Seine gräfliche Durchlaucht sind bereits zu einer dringlichen Inspektion der östlichen Gemarkungen unterwegs. Durchlaucht werden erst gegen Abend zurückkehren. Die Komtessen ruhen noch. Sie haben mich angewiesen, sie erst zu später Nachmittagsstunde zu wekken. Euer Wohlgeboren werden also gezwungen sein, das Frühstück allein einzunehmen. Es ist bereits in der Halle serviert."

„Aha", sagte Bomb etwas enttäuscht. „Es ist gut, ich komme sofort hinunter."

18

Beim Frühstück, das ihm das bleiche Galgengesicht lautlos servierte – Bomb trank zuerst eine Bloody Mary, aß roten, rohen, scharfgewürzten Schinken des Landes und verzehrte danach eine große Traube roter Weintrauben –, wanderten seine Gedanken immer wieder zurück in die Stunden der vergangenen Nacht. So zerschlagen und ausgelaugt er auch war, erfüllte ihn dennoch ein peinvolles Sehnen nach Millarca und Carmilla. Er war voller Ungeduld und immer stärker werdender Begierde. Andererseits war er froh, daß auch an den Zwillingen die Nacht nicht spurlos vorübergegangen war – ihr Erholungsbedürfnis bis zum frühen Abend deutete darauf hin.

Er jedenfalls hatte eine Pause bitter nötig. Ein Dacapo, das ja durch die Abwesenheit von Graf Dracs im Bereich des Möglichen lag, würde wahrscheinlich mit einer Blamage für ihn enden.

Bomb zwang seine Gedanken in eine andere Richtung. Zunächst mußte er M Bericht erstatten. Zu diesem Zweck würde er nach dem Frühstück zu einem Ausflug starten, seinen Bericht funken und danach Erkundigungen bei der Bevölkerung über den Grafen und sein Wirken einziehen. Gleichzeitig sollte er versuchen, bis zum Abend wieder zu Kräften zu kommen, um seine Reputation als der erste Liebhaber des britischen Geheimdienstes nicht zu verlieren, denn auch hier drängte der Nachwuchs heran.

Entschlossen stand er auf.

„Ich werde etwas frische Luft schnappen und eine Spazierfahrt unternehmen."

„Die Gegend ist wild und gefährlich", sagte der bleiche Butler warnend mit blutleeren Lippen.

„Ich bin nicht ängstlich, außerdem bin ich vor Sonnenuntergang wieder zurück", erwiderte Bomb und schritt hinaus.

Im Hof startete Bomb seinen Wagen. Der bleiche Bedienstete öffnete ihm das schwere Eichentor. Bomb schoß hinaus und raste mit kreischenden Reifen die gewundenen Serpentinen ins Tal hinunter.

Außer Sichtweite des Schlosses, in einem dunklen Hohlweg, hielt Bomb an, fuhr die lange Sendeantenne aus und begann seinen Bericht über die Ereignisse der letzten 30 Stunden nach London zu senden.

Nach einer knappen halben Stunde lehnte er sich erleichtert aufatmend zurück.

So, das war geschafft.

Er war gespannt, was M dazu für eine Meinung hatte.

Er startete den Wagen erneut und fuhr in gemächlichem Tempo weiter ins Tal hinab.

Das Reich des Grafen war ein unwirtliches und wildes Land.

Dunkle Wälder überzogen die steilen und zerklüfteten Berghänge, schattenvolle und düstere Täler zwängten sich zwischen sie. Tiefliegende Wolkenfetzen flogen unter einem grauen Himmel dahin und gaben der tristen Szenerie ein drohendes Gepräge. Nur wenige kleine, verödete Dörfer, bestehend aus einer Handvoll niedriger, dahingeduckter Hütten, tauchten auf. Sie schienen wie verlassen vom Leben, wie ausgesaugt und ausgelaugt. Bleiche, ausgemergelte Gesichter erschienen schemenhaft, nur für Augenblicke, hinter verstaubten Fensterscheiben, um sogleich wieder unterzutauchen.

Bomb hielt wohl ein halbes dutzendmal, klopfte an niedrigen, aus derben Brettern gezimmerten Türen, über denen dicke Bündel von wildem Knoblauch hingen, aber niemand öffnete ihm.

Kein menschliches Geschöpf belebte die schlammigen Wege dieser Siedlungen, kein Mann, kein Weib, kein Kind war zu erblicken – nur ein paar knöcherne Ziegen und magere Hühner vegetierten am Straßenrand.

Bomb besaß keine genaue Karte dieser wüsten und öden Gegend, nur die Kartenskizze, die er von Oberst Babus erhalten hatte. Er orientierte sich nach seinem Kompaß, der oben auf dem Armaturenbrett befestigt war, und an der alles überragenden düsteren Silhouette des Dracsschen Schlosses, das über Meilen fast von jedem Punkt dieses Landes zu sehen war. Sie hing wie ein drohender Schatten über allem.

Bomb fuhr Stunden umher, ohne eine Menschenseele getroffen oder gesehen zu haben.

Schließlich kehrte er um, und als er wieder den steilen Burgberg hinauffuhr, brachen die letzten blutroten Strahlen der untergehenden Sonne durch die Baumwipfel im Westen.

Der Wagen donnerte über die Bohlen der Zugbrücke, schlüpfte unter dem steinernen Bogen des Tores hindurch und hielt mit kreischenden Bremsen vor der Eingangstreppe.

Bomb sprang heraus.

Der bleiche Lakai stand mit einem vierarmigen Kandelaber, auf dem die Kerzen in der milchigen Dämmerung des Abends flackerten, in der Tür.

„Die Komtessen erwarten sie bereits, Sir“, sagte er mit blutleeren Lippen.

Die Rolex auf Bombs linkem Handgelenk begann zu piksen und zu ticken.

Bomb erstarrte.

Kurz - kurz - kurz - lang - lang - lang - kurz - lang - kurz - lang - kurz - lang.

Das war ein Alpharuf aus England, eine Dringlichkeitsorder, die ihm mitteilte, daß ein wichtiger Funkspruch bevorstand.

Er mußte sofort zu seinem Wagen zurück. Es war besser und unauffälliger, es gleich zu tun. Später würde er vielleicht keine Gelegenheit mehr dazu erhalten.

„Ich habe im Wagen etwas vergessen“, sagte Bomb zu dem bleichen Lakai. „Bestellen Sie den gräflichen Komtessen, ich sei in wenigen Minuten bei ihnen.“

Er wartete einen Augenblick, bis der Bedienstete im Innern der Halle verschwunden war, und eilte dann zu seinem Wagen zurück. Er fuhr die Antenne aus, sendete seinen Erkennungscode und stellte auf Empfang.

London antwortete sofort.

Als Bomb die ersten Buchstaben entzifferte, stieß er einen Laut der Überraschung aus. Die Botschaft lautete: „Tante

Emily ernsthaft erkrankt – befürchten Schlimmstes – sofortige Rückkehr erforderlich."

Des weiteren wurde ihm mitgeteilt, daß ein Platz in der Nachtmaschine um 11.15 Uhr von Personalia über Rom und Frankfurt bereits gebucht war.

Bomb fluchte in sich hinein.

Das war eine Alpha-Doppelorder. Es war die vierte Alpha-Doppelorder, die er in insgesamt elf Dienstjahren erhalten hatte. Jedesmal war das United Kingdom unmittelbar vor dem Untergang gestanden – jedenfalls nach Lageeinschätzung von M.

Was, zum Teufel, mochte es diesmal sein? Aber es gab keine Zeit für Rückfragen oder Diskussionen.

Alpha-Alpha bedeutete höchste Dringlichkeit und sofortige Befehlsausführung.

Ein Agent, der eine Doppel-Alpha nicht unverzüglich befolgte, beendete seine Laufbahn hinter Gefängnismauern. Es käme einer Befehlsverweigerung im Angesicht des Feindes gleich.

Wieder fluchte Bomb lautlos vor sich hin.

Er verließ den Wagen und eilte ins Schloß. Er rannte in sein Zimmer, raffte seine Sachen zusammen und hastete mit seinem Koffer wieder die Treppe hinunter.

Carmilla und Millarca erwarteten ihn am Ende der Stufen.

Sie umarmten ihn so stürmisch, daß sich fast sein Toupet verschob.

„O James", riefen sie, „wir lieben dich!"

Bomb machte sich sanft los.

„Ich habe schlechte Nachrichten, ihr Süßen", sagte er. „Ich muß sofort nach London zurück. Meine Tante Emily liegt im Sterben."

„O nein, James“, riefen die beiden entzückenden Wesen enttäuscht. „Du darfst nicht gehen, wir brauchen dich so.“

„Laßt uns vernünftig sein, meine Lieblinge“, sagte Bomb. „Entschuldigt mich bei eurem Papa. Bitte, laßt mich jetzt gehen, ich komme, sobald ich kann, zurück. Wahrscheinlich schon in wenigen Tagen.“

„Versprichst du uns das?“ Millarca und Carmilla begannen zärtlich mit spitzen Zähnen seine Ohrläppchen und Lippen zu beknabbern.

„Aber ja, ich verspreche es“, sagte der verliebte und liebestolle Agent Ihrer Majestät und riß sich gewaltsam aus den ihn umschlingenden Armen, eilte hinaus und warf sich in den bereitstehenden Wagen.

Aufheulend schoß der Bolide durch das Burgtor und wandte sich nach Westen in Richtung des dunkel verglühenden Abendhimmels.

19

Gegen 22 Uhr erreichte Bomb, völlig übermüdet, nach anstrengender Fahrt den Airport von Personalia. Der Rückflug für ihn war bei der staatlichen personischen Luftfahrtgesellschaft gebucht und führte bei nur einer Zwischenlandung in Rom direkt nach London.

Als Bomb in die Maschine kletterte, war er in so schlechter Verfassung, daß er befürchtete, die Reise nicht ohne Zusammenbruch zu überstehen. Ihm war schwindlig, es dröhnte und hämmerte in seinem Kopf, und sexuelle Anwandlungen hatte er so gut wie keine. Nicht einmal die glutäugige eurasische Stewardeß mit den langen Beinen, die sich später auf der Strecke Rom – London so auffallend um ihn bemühte – er saß im Mittelgang, und sie preßte bei jeder Serviceleistung ihre hohen Hüften gegen seinen Arm –, hatte seinen alten Adam in Schwung bringen können. Als er schließlich einnickte, hatte sie wohl die Vergeblichkeit ihrer Liebesmühen einsehen müssen.

Er trat in M's Vorzimmer, und dort sah er zu seiner Überraschung, wie M am Schreibtisch stand, sich die Röcke hob und die Nylons festmachte. Er sah hochhackige Pumps, knochige Fesseln, dürre haarige Waden und derbe Knie.

„Hallo M", sagte Bomb überrascht, „ich wußte gar nicht, daß Sie auf Dessous stehen."

„Ich bin nicht M", sagte M giftig, „ich bin Emily!" Er blickte Bomb empört an. „Und Sie sollten sich schämen, in diesem Aufzug vor eine Dame zu treten!"

„Was ist los?" fragte Bomb verdattert und blickte prüfend an sich hinab.

Heiliger Bimbam, er hatte ja gar keine Hosen an. Wie war so etwas möglich? Er stand ohne Hosen da.

„Aber", sagte er verdattert, „aber – ich versteh' das nicht." Mit einer hilflosen Geste trat er auf M zu.

„Hilfe, Hilfe!" M fing an zu kreischen. „Ein Wüstling, zu Hilfe!"

Das Licht über der Tür begann wie wild aufzublinken. Rot - Rot - Rot.

Miß Pimpermoney stürzte mit zerbeulten Hosen barbusig herein. „Ein Exhibitionist", kreischte sie, „ein Exhibitionist!"

Hinter ihr quollen der Shuh in purpurroter Galauniform,

die Shubanuh in schneeweißem Brautkleid und Graf Dracs in schwarzem bodenlangem Umhang zur Tür herein.

„Ein Exhibitionist, ein Exhibitonist!“ schrie alles durcheinander.

Und der Shuh rief mit lauter Stimme: „Herr Innenminister, machen sie diesen Wüstling unschädlich!“

„Zu Befehl, Euer Majestät“, rief Graf Dracs und zog eine riesige blitzende Schere aus seinem Umhang hervor.

Bomb wandte sich voller Entsetzen um und versuchte den Ausgang zu erreichen, aber M, die Pimpermoney, der Shuh und die Shubanuh hielten ihn fest.

Bomb strampelte mit den Beinen. Er schlug um sich, aber sie klammerten sich an seinen Armen fest, rissen ihn fast in Stücke.

„Sir, Sir! Bitte! Sie müssen aufwachen, wir befinden uns im Anflug auf London. Wir landen in zehn Minuten.“

Die hochbeinige Stewardeß beugte sich über ihn und rüttelte an seinem Arm.

Um 7.30 Uhr Londoner Zeit, noch von kaltem Nachtschweiß des Alptraumes geschüttelt, stand Bomb, nervlich völlig am Ende, am Ausgang von Heathrow. Er blickte in den erwachenden trüben Regentag und hielt seinen Spezialkoffer umklammert, wobei er sich vorkam wie eine Nonne, die völlig unnötigerweise mit einem Paket schwarzer Reizwäsche ausgerüstet war. Ein unscheinbarer Mann von pinscherartigem Aussehen, in einen schmuddeligen Trenchcoat gehüllt, trottete über die flachen Regenpfützen auf ihn zu. „Mr. Bomb, Sir?“ fragte der Pinscher, und als Bomb zustimmend nickte, zog er einen zerknitterten Ausweis hervor und hielt ihn dem Agenten unter die Nase.

„Dr. Merryweather, Sir“, sagte er, „von der medizinischen Sektion des SS. Fühlen Sie sich wohl, Sir?“

„Medizinische Sektion? Was soll das?“ fragte Bomb verwundert.

„Ich habe nur den Auftrag, Sie dorthin zu bringen und Sie im Notfall medizinisch zu betreuen“, sagte der Pinscher. „Mein Wagen steht gleich vorn an der Ecke. Bitte, folgen Sie mir.“

Bomb protestierte.

„Ich brauche keine medizinische Betreuung. Was ich brauche, ist eine Mütze voll Schlaf, anschließend ein paar Rühreier und ein kräftiges Steak. Was soll denn der ganze Unfug?“

„Bitte, Sir“, flehte der Pinscher, „ich habe meine Order, machen Sie keine Schwierigkeiten.“

Bomb fügte sich brummend in das Unvermeidliche.

Er wußte aus Erfahrung, sich gegen M's Anordnungen aufzulehnen, wäre sinnlos. Sie zwängten sich in den kleinen Morris und fuhren los.

Bomb wurde heftig hin und her geschüttelt, was nicht gerade seine Stimmung, dafür aber um so mehr seinen Magen hob. Er war ein paarmal nahe daran, in den Morris zu kübeln.

Nach einer halbstündigen abenteuerlichen Fahrt, bei welcher der Pinscher mit viel Glück selbstmörderischen Autofahrern, disziplinlosen Radlern und schwachsinnigen oder betrunkenen Fußgängern auswich, langten sie am Armeehospital an, wo sich auch die medizinische Sektion des Secret Service befand.

Dr. Merryweather wies am Tor seinen Ausweis vor und brauste mit Bomb auf den Seiteneingang eines langgestreckten Gebäudes zu. Sie verließen im Geschwindschritt den Wagen, eilten durch Gänge und über Treppen, der akademische Pinscher immer hechelnd voraus.

Vor einer weißgestrichenen Doppeltür mit der ominösen Aufschrift „Haematogene Abteilung“ endlich blieb der Pinscher japsend stehen. Er kratzte an der Tür, und als von drinnen ein kräftiges Herein erscholl, riß er die Tür auf und schubste Bomb hinein.

„Mr. Bomb wie befohlen zur Stelle“, kläffte er in den Raum hinein.

„Danke, Doktor“, sagte M, „ich brauche sie nicht mehr, Dr. Merryweather.“

Artig baute der Pinscher ein Männchen und schoß dann zur Tür hinaus. Augenscheinlich war er froh, wieder Gassi gehen zu können.

20

Bomb stand seinem Chef gegenüber, der sich hinter einem weißlackierten Stahlschreibtisch erhob und auf ihn zutrat, wobei er seinen Agenten mit besorgten und mitleidigen Augen betrachtete. Dieser Blick an M war Bomb völlig neu, jedenfalls im Dienst.

Rechts von M stand ein hagerer, hochgewachsener Mann in einem Tweedanzug mit Pfeffer-und-Salz-Muster. Er trug einen altmodischen Backenbart und einen Zwicker auf der Nase. Auch er betrachtete Bomb interessiert und besorgt.

Neben ihm, an den Schreibtisch gelehnt, stand – und daß Bomb dies jetzt erst bemerkte, erfüllte ihn mit einer gewissen Besorgnis – ein schlankes, rothaariges, überaus attraktives Wesen in einem weißen Nylonkittel, durch den Bomb bei schärferem Hinsehen verheißungsvolle in schwarze Wäsche gehüllte Kurven erkennen konnte.

„James“, sagte M formlos und ohne weitere Begrüßung, „das ist Dr. Dreamhips von der haematologischen Abteilung“ – er wies auf die weißgewandete Rothaarige –, „und das“ – er deutete auf den Backenbart – „ist Professor Van Helsing aus Amsterdam, einer der führenden Parapsychologen des Kontinents.“

„Madam“, sagte Bomb, „Professor.“ Er verneigte sich knapp.

„James“, sagte M, „die Körperdaten, die uns der Analysator in Ihrer Rolex übermittelte, und die Nachrichten, die Sie uns zukommen ließen, waren so beunruhigend, daß wir es für nötig hielten, Sie mit Alpha-Alpha sofort zurückzurufen. Sie schweben in höchster gesundheitlicher Gefahr...“

„Sir“, unterbrach Bomb, „entschuldigen Sie, Sir, aber das erscheint mir übertrieben. Im Gegenteil, ich befand mich in so angenehmer Gesellschaft“ – er warf einen schnellen Blick auf die rothaarige Dr. Dreamhips –, „daß mein vielleicht etwas angeschlagener Zustand mehr als verständlich erscheint. Aber eine unmittelbare Gefahr scheint mir, soweit ich das beurteilen kann, von keiner Seite zu drohen...“

M hob ungeduldig die Hand.

„Ich muß gestehen“, sagte er, „daß auch ich zunächst an eine Überschätzung der Gefahr, in der Sie sich befinden sollten, glaubte. Ja, ich hielt am Anfang – verzeihen Sie, Professor“, sagte er zu Van Helsing gewandt, „die ganze Sache für ein Hirngespinst, so absurd erschien sie mir. Aber nun, James, da ich Sie leibhaftig vor mir sehe, teile ich die Besorgnis um Sie."

Bomb sah verständnislos vom einen zum andern.

„Haben Sie sich schon im Spiegel betrachtet?" fragte M.

„Gestern morgen, Sir", sagte Bomb zu dem Mann im Spiegel. „Ich gebe zu, ich sehe nicht gerade wie der junge Frühling aus."

„Bitte, Mr. Bomb", sagte Professor Van Helsing, „blikken Sie doch noch einmal hinein."

Bomb ging unbehaglich zu dem Spiegel über dem Waschbecken an der gefliesten Wand hinüber und blickte sich ins Gesicht.

Er prallte zurück.

War dieser Totenschädel, der ihm da entgegenstarrte, wirklich er selbst?

Seine Augen lagen blutunterlaufen, noch tiefer als gestern, in ihren Höhlen. Seine Lippen waren fast weißlichviolett. Sie lagen straff über dem farblosen Zahnfleisch und ließen seine Zähne spitz und groß hervortreten. Auf seinem faltigen Hals leuchteten purpurn unterlaufen die beiden Liebesbisse über dem zerdrückten Kragen seines Seidenhemdes. Der zwanzigstündige Stoppelbart, der seine Wangen und sein Kinn umschattete, hätte einem Galeerensträfling alle Ehre gemacht.

Bomb schämte sich. Er warf einen verstohlenen Blick auf die rothaarige Ärztin.

Er sah tatsächlich aus wie ein ausgelaugter Lustgreis.

Wenn ihm das Bumsen so schlecht bekam, würde er sich ein anderes Hobby suchen müssen. Aber so oft war es doch gar nicht gewesen. Einmal mit Millarca und einmal mit Carmilla, dann halbe-halbe, dann ...

„James!“ schreckte M ihn aus seinen Gedanken auf. „Machen Sie mal den Oberkörper frei, und legen Sie sich auf den Untersuchungstisch hier.“

Bomb tat zögernd, wie ihm geheißen.

Die Ärztin beugte sich über ihn und drückte ihm das Stethoskop auf die behaarte Brust, wobei sie geflissentlich die Male und Kratzspuren auf seinen Schultern und seinem Hals übersah. Dann hob sie ihm die Lider und leuchtete mit einer Lampe in seine Pupillen. Ihr Parfüm stieg Bomb in die Nase.

„Blicken Sie nach oben, Mr. Bomb“, sagte sie.

Sie hatte eine vibrierende Altstimme.

Bomb blickte zur Decke.

„Und jetzt nach unten.“

Bomb tat, wie ihm geheißen, und sah, wie ihr gestärkter Ärztekittel klaffte und einen grandiosen Einblick in die Schlucht ihrer spitzenumhüllten Brüste freigab.

Merkwürdigerweise erregte es ihn nur schwach, aber immerhin.

Dr. Dreamhips bemerkte seinen Blick und errötete.

„Lassen Sie mich nochmals Ihren Puls fühlen“, sagte sie verwirrt.

„Zu normalen Werten werden Sie so bei mir nicht kommen, Doktor“, sagte Bomb anzüglich und grinste.

Dr. Dreamhips ordnete ärgerlich den Kragen ihres Kittels.

Dann blickte sie zu Professor Van Helsing hinüber und nickte ernst. Der Professor kam heran und betrachtete eingehend die beiden Male auf Bombs Hals.

„Wie kommen Sie zu diesen Wunden?“ fragte er Bomb.

„Wunden? Es sind Knutschflecken, Professor“, sagte

Bomb und bemerkte mit Vergnügen die Verlegenheit von Dr. Dreamhips. „Ganz gewöhnliche Knutschflecken von der Gattung Fleckula amoris vulgaris, der gemeine Knutschfleck oder der rotblaue Liebesbiß. Noch nie selbst welche gehabt, Doktor?“ rief Bomb zu der Ärztin hinüber. „Oder fehlt es Ihnen an Kontaktpersonen?“

Er weidete sich an der Verlegenheit der Ärztin.

„James“, sagte M unmutig, „nehmen Sie sich zusammen.“

Bomb seufzte auf.

„Ich weiß nicht, was das alles hier soll“, sagte er.

Dr. Dreamhips trat wieder an ihn heran und bestrich seine Ellenbeuge mit Alkohol und stach ihm dann unvermutet eine Kanüle in die Vene.

Bomb quiekte und bemerkte ärgerlich das spöttische Lächeln von Dr. Dreamhips, während sie ihm zwei Reagenzgläser Blut abzapfte.

„Ja, ja, die Helden vom Geheimdienst“, sagte sie heiter. „Das Blut der andern lassen sie in Strömen fließen, aber ihr eigenes haut sie allemal noch um.“

Sie beendete die Prozedur, ging mit den Gläsern zu einem Labortischchen hinüber, auf dem ein Zeiss-Mikroskop stand, fertigte in Sekundenschnelle ein paar Abstriche an und betrachtete sie durch das Okular.

Dann kehrte sie zu der Männergruppe zurück.

„Hatten Sie in den letzten Tagen einen größeren Blutverlust durch eine Verletzung?“ fragte sie Bomb.

„Nein, wieso?“ fragte Bomb.

„Haben Sie Blut erbrochen?“

„Zum Teufel, nein!“ rief Bomb. „Was soll die Fragerei?“

„Der Patient hat vor kurzem schätzungsweise einen Verlust von einem knappen Liter Blut erlitten“, erklärte die Haematologin zu M und Professor Van Helsing gewandt.

„Unsinn“, rief Bomb erbost. „Ich habe mich zwar ein bißchen wundgearbeitet, aber das kann es ja wohl nicht sein. Und meine Tage habe ich auch noch nicht gehabt.“

„006“, rief M drohend, „vergessen Sie nicht die Anwesenheit einer Dame!“

„Verzeihung, Sir“, sagte Bomb zerknirscht.

Da trat Professor Van Helsing vor ihn, die rechte Hand hinter dem Rücken verborgen. Plötzlich schoß sie hervor und hielt Bomb eine kleine weißliche Knolle unter die Nase.

Bomb fuhr angewidert zurück.

„Pfui Teufel“, rief er und fühlte, wie sich ihm die Haare sträubten.

„Was ist denn das Ekelhaftes?“

„Nur eine Zehe Knoblauch“, sagte Professor Van Helsing bedeutungsvoll und suchte M und Dr. Dreamhips mit seinen Blicken. Dann ging er zum Fenster und zog die Vorhänge zurück. Das fahle Licht der Londoner Sonne fiel in den Raum und tastete sich in einem breiten Streifen zu Bombs Untersuchungsliege.

Bomb wich zurück und bedeckte die Augen mit der Hand.

„Was ist, Mr. Bomb?“ fragte Professor Van Helsing.

„Es blendet mich, es tut mir richtig weh“, sagte Bomb.

Wortlos zog der Professor die Vorhänge wieder zu.

„Sie können sich wieder anziehen, Mr. Bomb“, sagte der Professor.

Dann gingen Van Helsing, M und Dr. Dreamhips in eine Ecke des Untersuchungszimmers und streckten tuschelnd die Köpfe zusammen.

Bomb war beunruhigt.

Nach einigen Augenblicken kamen sie zurück und traten zu dem Agenten, der ihnen gespannt und besorgt entgegensah.

„Sagt Ihnen das alles nichts?“ fragte Professor Van Helsing.

„Nein“, sagte Bomb. „Was soll das alles? Bin ich krank, oder bin ich vielleicht unter die Bluter gegangen? Mir fehlt doch nichts, höchstens ein ordentliches Steak, daß ich wieder zu Kräften komme, aber halb roh und noch blutig müßte es sein, darauf hätte ich jetzt Appetit.“

Der Professor und Dr. Dreamhips starrten ihn an, als hätte er etwas ungeheuer Obszönes gesagt.

Schließlich kam M auf ihn zu, nahm Bombs Hände in seine beiden und sagte, wobei er ihn beschwörend ansah: „James, Sie müssen jetzt sehr tapfer sein...“

Er brach ab und schluckte.

„Was ist los?“ rief Bomb verzweifelt. „Was ist los, Chef? Bitte, sagen Sie mir doch, was ist los mit mir?“

„James“, begann M stockend, „James, es ist entsetzlich. Sie sind – äh also, Sie sind unter die Nachzehrer gefallen.“

21

„Nachzehrer“, hob Professor Van Helsing an, „auch Untote, Nichttote oder Vampire genannt, sind aus rätselhaften Gründen Verstorbene, deren Leiber nicht zerfallen und deren Seelen keine Ruhe finden. Sie steigen in leiblicher Gestalt nächtens aus ihren Gräbern hervor und nähren sich vom Blut der Lebenden.“

Professor Van Helsing machte eine Pause.

Bomb blickte vom Professor zu M und von M zu Dr. Dreamhips.

Er wartete darauf, daß M und die Ärztin gegen diesen unqualifizierten und mittelalterlichen Unsinn protestieren würden.

Aber nichts dergleichen geschah.

M blickte betreten auf seine tadellos gewienerten Schuhspitzen, und die Haematologin betrachtete verlegen ihre lackierten Fingernägel. Bomb öffnete den Mund, klappte ihn dann aber wortlos und resigniert wieder zu.

„Das Urbild aller Vampire", fuhr Professor Van Helsing fort, „war und ist Graf Dracula, auch Dracul der Drache, Vurculac oder Vlad der Pfähler genannt. Er lebte vor Jahrhunderten in der Walachei, im alten Transsylvanien, auf heutigem rumänisch-personischem Gebiet. Er stammt aus einem alten und edlen Geschlecht, war ein mächtiger Fürst und Krieger und von unsäglicher Grausamkeit gegenüber seinen Feinden. Er pfählte und enthauptete sie zu Tausenden. Er riß ihnen die Herzen aus dem Leib und labte sich an ihrem Blut. Er schloß einen Bund mit dem Satan. Seine Seele ist verflucht, sie findet keinen Frieden. Sein Leib liegt irgendwo unvermodert über den Tag in seiner Gruft und steigt Nacht für Nacht daraus hervor. Er sucht sich seine Opfer, trinkt ihr Blut und vergrößert so das entsetzliche Heer der Untoten und Nachzehrer."

Bomb sträubten sich die Nackenhaare.

„Was heißt das, er vergrößert das Heer der Untoten und Nachzehrer?" fragte er.

„Durch den Biß eines Vampirs", sagte Professor Van Helsing „und durch das Aussaugen des Blutes wird das unglückliche Opfer – ob Mann, Frau oder Kind – in mehreren Nächten, in denen der Vampir sein schauerliches Werk fortsetzt, so geschwächt, daß es an Auszehrung stirbt und selbst zum Untoten wird. Es wird selbst zum Vampir, seine Seele findet keinen Frieden, sein Leib verwest nicht, und es sucht seinerseits nächtens unter den Lebenden seine Opfer, um ihr Blut zu trinken."

„Aber das sind doch alles Ammenmärchen, das darf doch alles nicht wahr sein!" rief Bomb. Er wandte sich an M. „Chef, sagen Sie doch auch mal was!"

M zögerte, dann sagte er stockend: „Es gibt anscheinend mehr Dinge zwischen Himmel und United Kingdom, als sich unsere Geheimdienstweisheit träumen läßt."

Bomb war fassungslos.

„Ich kann Ihre Skepsis verstehen, Mr. Bomb", sagte Professor Van Helsing, „aber all das sind Tatsachen, so unglaublich es klingt. Ich befasse mich seit drei Jahrzehnten mit diesen Phänomenen. Ihre Erforschung ist streng wissenschaftlich. Ich bin in meinem Heimatland Inhaber eines Lehrstuhls dieser Wissenschaft, die von meiner Regierung gefördert wird und unter strengste Geheimhaltung fällt."

„So etwas gibt es nicht. Sie sind ein Scharlatan", höhnte Bomb, „ein Geisterbeschwörer, ein Schamane. Es ist alles Lug und Trug. Zeigen Sie mir doch einen Vampir!"

„Wenn das so einfach wäre", seufzte Professor Van Helsing. „Aber ich versichere Ihnen, wir sind von mehr Vampiren umgeben, als wir ahnen. Sie treten in den mannigfaltigsten Gestalten auf. So können sie sich in Fledermäuse verwandeln, in Ratten, in Wölfe, in Füchse, ja sogar in Fliegen. In menschlicher Gestalt ist ihnen allen eine unnatürliche Blässe und rotglühende Augen gemeinsam.

Ein Vampir wirft keinen Schatten, er gibt auch kein Bildnis im Spiegel, er kann nirgendwo das erste Mal von sich aus eintreten. Der Bewohner muß ihn dazu auffordern, dann aber kann er immer von selbst kommen. Er ist ein Ausbund an Tücke und Bosheit, er ist eine Kreatur des Teufels.

Aber, man kann ihn auch bekämpfen. Er scheut wilde Rosen und vom Knoblauch die Blüten und Knollen. Das Kruzifix und die Bibel bannen ihn auf der Stelle, und Weihwasser brennt ihm tiefe Wunden.

Der Vampir muß tagsüber in seinem Sarg, in seiner Gruft oder in seiner Heimaterde liegen. Dieser Ort ist gut versteckt, denn wenn er dort aufgespürt wird, ist er wehrlos und kann vernichtet werden. Speziell an Samstagen.

Wilde Rosenblüten am Eingang seiner Grabesstätte hindern ihn am Betreten oder Verlassen seines Verstecks. Die geweihte Hostie in seinen leeren Sarg gelegt, vertreibt ihn für immer aus diesem. Findet man ihn aber in seinem Sarg liegend auf, so kann man ihn vernichten.

Das aber ist eine entsetzliche und grauenvolle Prozedur, die einen ganzen Mann verlangt", sagte der Professor schaudernd.

„Was muß man tun?" fragte Bomb wider seinen Willen.

„Man muß ihm eine geweihte Kugel ins Herz schießen oder ihm einen hölzernen Pfahl ins Herz treiben und ihm das Herz aus dem Leib reißen und es verbrennen", sagte der Professor. „Dann muß man ihm den Kopf abtrennen und seinen Mund mit Knoblauch ausstopfen. Damit ist der Vampir endgültig gestorben, sein Körper zerfällt, und seine ruhelose Seele findet ihren Frieden."

Der Professor verstummte.

Langes, drückendes Schweigen lastete auf den Anwesenden.

Bomb sah zu M, der blaß vor sich hinstarrte, und zu Dr. Dreamhips, in deren Augen er Tränen schimmern sah.

Er räusperte sich mühsam.

„Und was läßt Sie annehmen, ich sei ein Opfer solcher Wesen?“ fragte er, obwohl er die Antwort schon ahnte und darüber dumpfe Angst in sich aufsteigen fühlte.

„Graf Dracs ist der alte Graf Dracula“, sagte Professor Van Helsing, „er ist Dracul der Drache und Vlad der Pfähler, er ist der alte Urvampir. Seine Töchter Carmilla und Millarca sind durch Blutbande, durch Blutmahlzeit und Blutschande ebenfalls Vampire. Ihre sogenannten Knutschflecken, Mr. Bomb, sind in Wahrheit die Saugmale und Bißwunden von Vampirzähnen bei der nächtlichen Blutmahlzeit. Alle Anzeichen weisen darauf hin, daß die erste Bluttaufe des Vampirs bei Ihnen schon vollzogen ist. Ihr Blutverlust, Ihre Haematopenie, also Ihr Mangel an Blutkörperchen, Ihre Mattigkeit, Ihr körperlicher Zerfall ist medizinisch einwandfrei erwiesen. Ihre Gier nach rohem Fleisch und Blut ist ein sicheres Zeichen, daß das entsetzliche Gift des Vampirismus in Ihnen zu wirken beginnt. Alle Zeichen dieses Vampirismus prägen sich bereits in Ihrem Gesicht aus: Ihre wächserne Blässe, Ihr harter, tiefliegender Blick, Ihre rotunterlaufenen Augen und die Schärfe und Spitzheit Ihrer Zähne. Dazu kommt noch die Aversion gegen Sonnenlicht und Knoblauch. Und letztlich – gestehen Sie es – die peinvolle Sehnsucht nach Ihren nächtlichen blutsaugerischen Bettgenossinnen. Sagen Sie selbst, bedarf es noch weiterer Beweise?“ fragte der Professor schmerzlich.

In Bomb begann sich ein Abgrund an Grauen und Verzweiflung zu öffnen. Er hörte Dr. Dreamhips teilnahmsvoll aufschluchzen. Sie hatte zweifellos Mitleid mit ihm.

Aber ungefähr so, wie man es als Arzt mit einem Luetiker dritten Grades hat, dachte Bomb bitter.

„Was soll ich tun, Professor?“ rief er verzweifelt. „Bin ich schon verloren? Helfen Sie mir! Bitte, helfen Sie mir!“

Er griff nach Professor Van Helsings Hand und umklammerte sie angstvoll. Dr. Dreamhips wandte sich erschüttert ab.

„Wenn Sie mir glauben und nach meinen Anweisungen handeln, kann ich Ihnen helfen“, sagte der Professor ernst. „Gott sei Dank sind Sie erst eine Nacht den Schrecknissen der Nachzehrer ausgesetzt gewesen, Ihr Chronometer hat uns rechtzeitig alarmiert. Ich verspreche Ihnen, wir werden alles tun, was in unserer Macht steht, um Sie aus den Klauen dieser Ungeheuer zu befreien. Hoffen Sie und glauben Sie, mein Freund“, rief der Professor pathetisch, „es kann noch alles gut werden.“

„Und Sie werden Ihre Aufgabe zu Ende führen können“, warf M trocken ein.

Bomb stockte das Herz.

„Ich muß zurück in die Höhle des Vampirs?“ fragte er.

„Selbstverständlich“, sagte M erbarmungslos. „Keine Sorge, James, der Professor und Dr. Dreamhips werden Sie die nächsten vierundzwanzig Stunden schon wieder auf Vordermann bringen.“

22

Dann hatten sie Bomb einfach gepackt und in den isolierten Sicherheitstrakt der Krankenabteilung des Secret Service gesteckt.

Hier wurde er trotz seines heftigen Protestes unter Aufsicht von Dr. Dreamhips entkleidet, in eine riesige Wanne voll scheußlich stinkender Desinfektionslösung gesteckt und von zwei muskulösen Krankenwärtern von Kopf bis Fuß abgeschrubbt.

„Das Vampirgift muß vollständig neutralisiert werden“, hatte Dr. Dreamhips erklärt. „Jeder Kratzer muß desinfiziert werden, ebenso wie jede mögliche Spur des Giftspeichels in der kleinsten Hautrille.“

Am Ende dieser Prozedur sah Bomb aus wie ein gesottener Hummer. Anschließend wurden ihm die Finger- und Fußnägel gestutzt und die Haare geschnitten, danach seine Gehörgänge gesäubert und sein Zahnstein entfernt.

Dann wurde ihm der Magen ausgepumpt, und schließlich und endlich verpaßten sie ihm eine Darmspülung.

Es war grauenvoll und erniedrigend, und einmal mehr beschloß Bomb, den Dienst im Secret Service nach dieser Mission aufzukündigen. Aber was nutzte das alles in diesem Augenblick?

Später lag er wund und erschöpft, von Würgereizen und Darmkrämpfen geplagt, auf einem harten Laken dahingestreckt, wo er, obwohl es vorgewärmt schien, von heftigem Schüttelfrost gepackt wurde.

Sie schlossen seinen geschundenen Leib an eine Batterie von Tropfern an, die an einer Reihe von Galgen um sein Schmerzenslager hingen.

Fast überall am Körper waren Schläuche befestigt, durch die Blut, Plasma, Traubenzucker, Kochsalz, Antibiotika und weiß der Teufel was noch alles in ihn strömten.

Dazu waren Kontakte und Elektroden, Plättchen, Pflaster und Saugnäpfe auf seinen Kopf und seine Brust geklebt, um die Reaktionen und Daten seines Körpers in Papierbahnen ausspuckende Kästen zu füttern. Kaum waren sie erschienen, wurden sie von Dr. Dreamhips gierig gelesen.

Bomb kam sich vor wie Frankensteins Geschöpf, das zum Leben erweckt werden sollte.

Dazu hing über seinem Körper, der nur mit einem kleinen Lendentuch dürftig bedeckt war, ein riesiger UV-Strahler, dessen greller Schein ihm erhebliche Schmerzen bereitete. Bombs leises Stöhnen ließ die Ärztin völlig ungerührt.

Es waren peinvolle und erniedrigende Stunden, die nicht enden wollten, aber endlich, nach siebenstündiger Qual, schienen die Daten, die die Apparaturen über ihm verkündeten, die Haematologin zu befriedigen.

Professor Van Helsing wurde hereingeholt, der immer wieder in kurzen Abständen hereingeschaut hatte und dessen Leichenbittermiene Bomb erheblich auf den Wecker gegangen war. Auch er schien jetzt zufrieden.

Alle Schläuche, Elektroden, Kanülen und Nadeln wurden entfernt, die Spuren ihres Eindringens wurden mit Pflaster verklebt.

M, der ebenfalls wieder auftauchte, schleppte einen abscheulich grasgrünen Pyjama herbei; dennoch empfand Bomb, in dessen Glieder wieder wohlige Wärme zurückgekehrt war, Dankbarkeit für die angenehme seidige Kühle auf seiner geschundenen Haut.

Er wurde gekämmt, rasiert, sogar sein Aftershave war besorgt worden. Er durfte sich aufsetzen, dann hielt man ihm einen Spiegel hin. Bomb stieß einen Ruf des Erstaunens aus. Wie war das möglich? Da war keine Spur mehr von dem ausgemergelten Gespenst vom Vormittag. Der leichenhafte Schrumpfkopf war wieder den sonnengebräunten männlichen und energischen Zügen des Geheimagenten gewichen, dessen Mund wieder das alte selbstsichere, grausame Lächeln zu umspielen begann.

„Mein Kompliment den Doktores“, sagte Bomb zu Dr. Dreamhips und Profesor Van Helsing. „Sie würden Millionen mit einer Schönheitsfarm verdienen. Die vertrockneten Krautstöcke des gesamten Königreichs würden Sie mit Geld überschütten, wenn Sie an denen das gleiche vollbrächten wie an mir. Ich würde mich gern an dieser Goldquelle beteiligen. Wie wär's, Dr. Dreamhips, nehmen Sie mich als Partner?“

„Ja, ja“, lächelte Dr. Dreamhips. „Blut ist schon ein besonderer Saft, aber ich fürchte, Sie haben im Moment noch keine Zeit, um an Privatgeschäfte zu denken.“

„Richtig“, unterbrach M ungeduldig die Ärztin, „wir haben Dringenderes zu tun. Draußen wartet schon der Kollege von der Ausrüstungsabteilung. Kann er jetzt hereinkommen?“

Als die Ärztin und der Professor zustimmten, ging M zur Tür und ließ einen dicklichen Mann mit rosigem Teint, der einen geräumigen schwarzen Aktenkoffer in der Hand trug, herein.

Der Rosige nickte den Anwesenden zu und legte den Koffer vor Bomb auf das über das Bett geschwenkte Frühstücksbrett. Dann öffnete er ihn.

Bomb erblickte ein merkwürdiges Sammelsurium von Gegenständen, die alle in schwarzen Samt gebettet waren.

Neben einer Luger mit extrem starkem und langem Lauf sah er einen schweren Plastikhammer mit zusammenschiebbarem Griff, ferner Holzkeile, Sprayflaschen, Blechdosen, Leinensäckchen, ein Kreuz und ein schwarzgebundenes Buch.

Bomb blickte verwirrt auf M.

„Ha – hem", räusperte dieser sich verlegen und wandte sich an Professor Van Helsing.

Dieser wiederum blickte erwartungsvoll auf den Ausrüstungsexperten.

„Sir", begann der Rosige, „wir haben versucht, alles zu besorgen, was Sie beorderten. Wir hoffen, daß uns dies zu Ihrer Zufriedenheit gelungen ist. Nur was die geweihte Hostie anbelangt, Sir" – er hob bedauernd die Schulter –, „so war uns kein Erfolg beschieden. Für geheimdienstliche Zwecke wurde uns hier kein kirchlicher Dispens erteilt."

„Nun, dann muß es eben ohne gehen", sagte Professor Van Helsing, „ist denn sonst alles da?"

„Ja, Sir", sagte der Rosige eifrig, während sich alle um den Koffer drängten. „Da wäre zunächst die Spezial-Luger. Wir haben das Kaliber auf 15 mm vergrößert, was natürlich einen ganz neuen Lauf erforderte und in so kurzer Zeit gar nicht so leicht zu bewerkstelligen war, aber wir haben es geschafft." Der kleine Experte war ganz stolz. „Sie können jetzt damit Hartholzgeschosse und geweihte Silberkugeln verfeuern. Sie sind in den entsprechend gekennzeichneten Magazinen untergebracht." Er deutete auf zwei stählerne Magazine, die in die Samtfächer des Koffers gebettet lagen.

„Das dürfte den Vampir in Schwierigkeiten bringen", sagte Professor Van Helsing grimmig.

„Des weiteren haben wir hier den Spezialhammer", fuhr der Rosige fort. „Er ist ausgewuchtet und aus Platzgründen mit ausziehbarem Teleskopgriff versehen." Er nahm den Hammer, zog den Griff heraus und drückte ihn Bomb in die Hand.

Bomb kam sich vor, als sollte er ein Pferd erschlagen. Er holte lustlos aus und schwang den Hammer nach unten auf ein imaginäres Ziel. Dann gab er ihn dem Rosigen zurück. Dieser schien enttäuscht.

„Nicht zufrieden, Sir?" fragte er.

„Doch, doch", versicherte Bomb lahm, „wirklich ganz ausgezeichnet!"

„Sie sollten ihn vielleicht besser zusammen mit einem Holzkeil probieren, um sich von seiner Wirksamkeit zu überzeugen", schlug der kleine Ausrüstungsexperte vor. Er kramte in seinem Köfferchen.

„Hier, Sir." Er nahm einen etwa einen Fuß langen zugespitzten Holzkeil heraus und drückte ihn Bomb in die linke Hand. Er blickte sich suchend um, dann griff er nach der mit heißem Wasser gefüllten Gummiwärmflasche, die noch zu Bombs Füßen lag, woran sich dieser die klammen Zehen gewärmt hatte.

„Setzen Sie den Keil auf die Mitte der Flasche", forderte er Bomb auf, „und schlagen Sie mit dem Hammer kräftig zu."

Bomb zögerte, er kam sich albern vor.

Aber M und der Professor nickten ihm aufmunternd zu.

In Gottes Namen dann, dachte Bomb, schließlich wollte er kein Spielverderber sein.

So holte er kräftig aus, schlug auf den Holzkeil los, dieser drang unter Zischen in das rote Gummiherz, und eine Fontäne heißen Wassers spritzte bis an die weißgetünchte Decke des Zimmers.

„Bravo!“ schrie Professor Van Helsing begeistert. „Das wird diesem Dracs den Garaus machen.“

Bomb, der auch eine tüchtige Portion des Wassers abgekriegt hatte, lächelte gequält, aber er bemerkte, daß ihn Dr. Dreamhips mit einer Mischung aus Schrecken und Bewunderung anstarrte. Das war doch immerhin ein Anfang.

Der Ausrüstungsexperte fuhr fort, seine Kollektion anzupreisen.

„Hier, Sir“, sagte er und hob eine der Spraydosen heraus, „haben wir das gewünschte Weihwasser. Es erschien uns praktischer und leichter anwendbar, wenn wir es in Spraydosen füllen.“

„Für den Nahkampf“, erläuterte Professor Van Helsing kampfeslüstern. „Das mit den Spraydosen ist übrigens eine ausgezeichnete Idee.“

Der Rosige errötete vor Stolz.

„Danke, Sir!“

„Und hier in den Dosen und Säckchen“, fuhr er eifrig fort, „sind die gepreßten Knoblauchblüten, die gehackten Knoblauchzehen und die Blüten und der Samen von wilden Rosen ...“

„Zum Bannen der Blutsauger in Ihrer Lagerstätte“, erläuterte der Professor.

Bomb kam das Ganze immer unwirklicher vor.

„Es fehlen nur noch die gestoßene Rattengalle, die pulverisierten Kreuzspinnen und das ausgelassene Hundeschmalz“, bemerkte er sarkastisch.

Die Ausrüstungsabteilung mußte sich halb totgelacht haben. Das war ja wie im tiefsten Mittelalter.

„Hat denn die pharmazeutische Industrie gar keine Fortschritte gemacht? Ist denn noch kein Antivampirin oder so etwas ähnliches auf dem Markt?“ versuchte er matt zu scherzen, aber ganz wohl war ihm nicht dabei.

„Spotten Sie nicht, Bomb“, sagte Professor Van Helsing mahnend, „oft sind die alten magischen Mittel unserer Väter nicht die schlechtesten. Sollte das alles aber versagen, dann ist es dies, was Sie sicher vor dem Bösen bewahren wird und womit Sie es vernichten können.“

Er nahm das Kruzifix und die schwarzgebundene Bibel heraus. Tiefes Schweigen breitete sich unter den Anwesenden aus.

Ach du heiliges Kanonenrohr, dachte Bomb verzweifelt, ich bin gar kein Geheimagent, ich bin Exorzist!

23

In den nächsten Stunden hielt ihm Professor Van Helsing nochmals ein intensives und konzentriertes Privatissimum über den Vampirismus, seine Entstehung, seine Ausbreitung und seine Bekämpfung. Er bleute ihm alle Möglichkeiten der Begegnung mit Dracs und seinen Töchtern ein. Ein Projektionsapparat wurde aufgestellt, und ausgesuchte Szenen aus Vampirfilmen flimmerten über die Leinwand: die Zeremonien der Bluttaufe, das Aufstöbern der Grüfte, die Abschirmung gegen Fledermäuse, Fliegen und Spinnen und schließlich immer und immer wieder das scheußliche Vernichtungsritual der nachzehrenden Bestien.

Bomb spürte in der Unheimlichkeit des abgedunkelten Zimmers, wie bei einer besonders furchterregenden Szene das Knie von Dr. Dreamhips sich angstvoll an das seine preßte. Er tastete nach ihrer zitternden Hand und umschloß sie. Sie zog sie nicht zurück.

Als endlich wieder das Neonlicht des Raumes aufflackerte, sah man das Grauen auf allen Gesichtern. Es verflüchtigte sich nur langsam. Anschließend stellte M die politische Bedeutung der ganzen Affäre heraus. Die Experten des Secret Service waren zu folgenden Schlüssen gekommen: Graf Dracs stand im Dienste des sowjetischen Geheimdienstes. Er war einer der gefährlichsten und rücksichtslosesten Spitzenagenten der Sektion B.O.R.SCH.T.SCH.*. Bei dieser Feststellung pfiff Bomb durch die Zähne.

Er wußte, daß sich hinter diesen Buchstaben die Abteilung KA (Kommunistische Assimilation) des KGB verbarg.

Diese Abteilung war Anfang der siebziger Jahre als Konterorganisation gegen den von damaligen westdeutschen Politikern angestrebten „Wandel durch Annäherung" aufgestellt worden.

Sie hatte sich innerhalb eines Jahrzehnts zu einer der mächtigsten Sektionen des sowjetischen Geheimdienstes entwickelt.

* Abkürzung von: Bolschewiki Origanisatione Radikalinski Schpionam Towaritsch Schpionasch

Sie operierte nach dem Motto: „Das gute alte Mütterchen Rußland mit dem lieben, kleinen sowjetischen Bären."

Mittels Kultur und Folklore, Bolschoitheater, bemalten Holzpuppen, Dichterlesungen, Kosakenromantik, Zobelpelzen, Krimsekt und Kaviar hatte sie weltweit in Diplomaten- und Intellektuellenkreisen Einfluß gewonnen.

Der Salonkommunismus wucherte dank der Aktivitäten der Sektion KA – der immense finanzielle Mittel zur Verfügung standen – wie ein Schimmelpilz rund um den Erdball.

Als könnte er Bombs Gedanken lesen, sagte M: „Die regelmäßigen Spielgewinne von Dracs dürften ein nicht unbeträchtliches Scherflein an Devisen in die Kasse von KA fließen lassen."

Bomb nickte. Er wußte, daß jeder Agent dieser Sektion auch die Aufgabe hatte, Devisenquellen aufzuspüren und fündig zu werden. Ob Glücksspiel, Rauschgift, Pornographie oder Prostitution war belanglos. Man war da nicht wählerisch, Geld stinkt nicht.

M fuhr in seinen Ausführungen fort: „Offensichtlich wird der Shuh von Graf Dracs, der als Minister und Vertrauter des Herrschers zu diesem jederzeit Zutritt hatte, seit eineinhalb Jahren nächtens durch dosierten Vampirismus so geschwächt, daß er nicht imstande ist, den ehelichen Pflichten bei seiner jungen Frau nachzukommen und einen Thronfolger zu zeugen. Das hat zur Folge, daß die Dynastie und die konservativen Kräfte des Landes in Gefahr sind, ins Hintertreffen zu geraten, so daß die Position Personiens in der Nato in Zukunft in Frage gestellt ist. Dies würde eine empfindliche Schlappe für die Funktion der westlichen Allianz bedeuten. Da in einem knappen Jahr in Personien Wahlen ins Haus stehen, ist keine Zeit zu verlieren. Dracs und sein Anhang müssen so schnell wie möglich außer Gefecht gesetzt werden."

Und weil doppelt genäht auch hier wieder besser hält, dachte Bomb belustigt, hast du alter Gauner mich noch zusätzlich die Shubanuh schwängern lassen. Aber das durfte M hier selbstverständlich nicht erwähnen.

Bomb erhielt also den Auftrag, Dracs und seine Töchter zu vernichten, das Schloß niederzubrennen und damit die Herrschaft der Blutsauger in Personien und den Einfluß der Gegenseite in diesem strategisch so wichtigen Punkt der Landkarte zu beenden. Zu diesem Zweck sollte Bomb schon morgen, nach einer letzten abschließenden ärztlichen Untersuchung, am späten Vormittag die Maschine über Frankfurt – Rom nach Personalia nehmen. Soweit war alles besprochen.

„Noch irgendwelche Fragen?"

M blickte in die Runde.

Niemand antwortete.

M und der Professor verabschiedeten sich von 006. Auch Dr. Dreamhips zog sich, nachdem sie mit bebenden Fingern noch einmal den Puls des Agenten gefühlt hatte, zurück.

Bomb erhielt ein kräftiges Abendessen und einen überdimensionalen Vitamintrunk, der mit einem starken Beruhigungsmittel versetzt war.

Dann fiel der Agent Ihrer Majestät nach diesem so unglaublichen Tag in einen tiefen, traumlosen, totenähnlichen Schlaf.

Als Bomb gegen 6.30 Uhr durch sanftes Rütteln an seiner Schulter geweckt wurde, erblickte er Dr. Dreamhips, die sich über ihn beugte und ihn zärtlich anblickte. Er wurde mit einem Schlag wach.

„Guten Morgen, Mr. Bomb“, sagte die Ärztin, „haben Sie gut geschlafen?“

„Guten Morgen, Doktor“, erwiderte Bomb, „ich habe prächtig geschlafen. Ich fühle mich wie neugeboren.“

Dr. Dreamhips befestigte die Armmanschette des Blutdruckgeräts an seinem rechten Bizeps.

Wieder konnte Bomb einen tiefen Blick in ihren Ärztekittel tun. Diesmal war alles weiß verpackt. Weiße Spitzen mit rosigem Inhalt. Schwellende Hügel, die sich zitternd hoben und senkten.

Dr. Dreamhips las den Wert auf dem Manometer ab.

„Leicht erhöht“, sagte sie.

„Wundert mich nicht“, sagte Bomb.

Sie errötete.

„Ich muß Ihr Blut abnehmen“, sagte sie.

„Nur zu“, sagte er, „alles, was Sie wollen.“

Sie stach ihn mit einem Schnäpper auf die Fingerkuppe und drückte geschickt zwei Tropfen Blut auf ein paar Objektträger.

„Wollen Sie nicht mehr?“ fragte Bomb. „Es ist gutes Blut, es wird allgemein gelobt.“

Wieder errötete Dr. Dreamhips.

Sie blickte Bomb in die Augen.

Plötzlich hob sie die Hand Bombs, auf der ein kleiner Tropfen Blut zurückgeblieben war, an ihre Lippen. Sie leckte ihm das Blut von der Kuppe seines Fingers.

Bomb fühlte eine gewaltige Woge der Erregung in sich aufschießen. Er riß Dr. Dreamhips an sich, das Bett schwankte, und die Reagenzgläser und Objektträger auf dem Tablett auf dem Nachtkästchen gerieten bedenklich aus dem Gleichgewicht.

„James“, stammelte Dr. Dreamhips unter seinen Küssen, „nicht – James, nicht, seien Sie vernünftig, James ... Bitte, warten Sie, bis Sie zurück sind – dann ... Ich verspreche es ... Ich verspreche es ... O James, dann ...“

Widerwillig trennte sich Bomb von der Zitternden.

Die Reagenzgläser klirrten leise.

„Bestimmt?“ fragte er.

„Bestimmt, James, ganz bestimmt“, hauchte Dr. Dreamhips.

24

„Willkommen, Mr. Bomb!“

Graf Dracs stand hochgereckt im dunkelgrauen Flanellanzug auf der großen Freitreppe, als Bomb kurz nach Sonnenuntergang, nach achtstündigem Flug und dreistündiger Autofahrt, wieder auf des Grafen Schloß eintraf.

Der Schloßherr war sonnengebräunt – sonnengebräunt, schoß es Bomb durch den Kopf, das widerspricht doch allen Thesen –, seine weißen, prachtvollen Zähne blitzten aus dem gebräunten Antlitz, sein Händedruck war kräftig und warm. Plötzlich erschien Bomb die ganze Geistertheorie mehr als absurd.

Überhaupt war mit fortschreitender Rückreise der Aufenthalt in London mit seinen merkwürdigen Ereignissen immer mehr zu einem unwirklichen Geschehen verblaßt, und der gesunde und skeptische Realitätssinn Bombs, dem er so viele Erfolge in seiner Laufbahn verdankte, war zurückgekehrt. Und wäre nicht der kleine schwarze Attachékoffer, mit seinem skurrilen Inhalt vor seinem Sitz zu seinen Füßen gestanden, er hätte das Ganze für einen Traum gehalten.

„Sie werden schon ungeduldig erwartet, James", unterbrach Graf Dracs Bombs Gedanken. „Ich darf Sie doch James nennen?" fragte der Graf lächelnd. „Das klingt doch viel persönlicher und familiärer, und nachdem es meine eigenen Töchter sind, die Sie schon seit Stunden ruhelos erwarten, glaube ich, als der ältere, mir diese Freiheit erlauben zu können."

Bomb verneigte sich zustimmend.

„Ich hörte, Sie hatten einen Trauerfall in der Familie, der Sie zur Rückreise nach England zwang?" fragte Graf Dracs.

„Nein, kein Trauerfall", sagte Bomb, „es war glücklicherweise nur blinder Alarm. Meine alte Tante Emily in Edinburgh, sie ist schon 89 Jahre alt, hatte eine Kreislaufschwäche, was zunächst sehr bedrohlich aussah. Doch sie hat sich bereits wieder erholt. Aber da sie unsere Familienälteste und obendrein meine Erbtante ist, konnte ich mich ihrem Wunsch, mich noch ein letztes Mal, wie sie glaubte, zu sehen, schwerlich verschließen. Sie verstehen, Exzellenz!?"

Graf Dracs lachte amüsiert auf.

„Aber selbstverständlich, mein lieber James. Und ich hätte mich sehr getäuscht in Ihnen, wenn Sie nicht sofort nach England zurückgeflogen wären."

Plötzlich verengten sich seine Augen.

„Sagen Sie, James, wie haben Sie eigentlich von der Erkrankung Ihrer Tante erfahren? Telefonisch, nehme ich an."

Da mußt du schon früher aufstehen, wenn du mich reinlegen willst, dachte Bomb. Dracs wußte genau, daß er keinen Anruf erhalten hatte.

„Ich habe ein sehr leistungsstarkes CB-Funkgerät im Wagen, dessen Codenummer ich Oberst Babus zurückgelassen habe. Er hat mir die Nachricht aus London, als sie in Personalia eintraf, über den Palastsender weitergegeben."

Bomb brachte das völlig gleichmütig hervor.

Der Minister sah ihn sekundenlang starr und ausdruckslos an.

Friß Vogel oder stirb, dachte Bomb.

Endlich schien sich das Mißtrauen aus Dracs Zügen zu lösen.

„Ah, so ist das. Entschuldigen Sie bitte meine Neugierde, lieber James, aber ich hatte schon meinem Bediensteten Vorwürfe gemacht, weil er mich nach der telefonischen Unglücksbotschaft, wie ich annahm, nicht sofort verständigt hat. Ich hätte Sie doch mit meinem Helikopter zum Flugplatz gebracht. Aber das ist ja nun aufgeklärt."

Jauchzen und freudiges Gelächter erschollen.

Carmilla und Millarca erschienen auf dem obersten Absatz der Treppe. Mit Willkommensrufen flogen sie Bomb eng aneinandergeschmiegt entgegen und warfen sich ihm errötend in die Arme. Die beiden sahen reizend aus. Bomb betrachtete sie entzückt. Wie hatte er Zweifel haben können? Da war nichts von verruchten Verführungskünsten oder von dämonischer Laszivität. Nein, das waren einfach zwei liebenswerte, entzückende Geschöpfe, die sich aufrichtig freuten, ihn zu sehen, und die ihm liebevoll zugetan waren. Sie sprangen an Bomb empor, überschütteten ihn mit kleinen Willkommensküssen und klammerten sich zärtlich an ihn.

Graf Dracs lachte väterlich-gütig auf.

„Diese Jugend", sagte er, mit Stolz auf seine Töchter blikkend, „so stürmisch, so ohne Scheu und Hemmung. Das ist ein großes Kompliment für Sie, James. Noch nie ist hier ein Mann auf diese Weise willkommen geheißen worden.“

Bomb fühlte eine Welle des Glücks in sich aufsteigen. Alle früheren dunklen Schatten waren verschwunden. Das war doch alles Mumpitz, was diese Neunmalklugen, dieser Van Helsing und all die anderen in London verzapft hatten.

Hier war er, Bomb, ein Mann in den besten Jahren, gesund und vital, und da war ein reizvolles Geschwisterpaar, unterschieden zwar durch ein kleines körperliches Mal von der Norm, was aber gerade zum Reiz dieses Doppelgeschöpfes nicht unwesentlich beitrug. Dann war da ein Vater, eine eindrucksvolle und einflußreiche Persönlichkeit, die natürlich etwas exzentrisch und vielleicht auch etwas skrupellos war, dessen Wohlwollen er ebenfalls zu besitzen schien. Das alles war ganz natürlich. Was daran war übersinnlich oder gar dämonisch?

Bomb betrat das Innere des Schlosses, lachend und freudig begleitet von seinen Gastgebern.

Eine halbe Stunde später, Bomb hatte gerade sein Dinnerjackett angelegt, ertönte der dumpfe Gong in der Halle, der zum Abendessen rief. Vergnügt nahmen Carmilla und Millarca, der Graf und Bomb ihre Plätze an der großen Tafel ein.

Die gute Stimmung war so ansteckend, daß sich sogar der bleiche Butler ein verzerrtes Lächeln abrang.

Die Vorspeise bestand diesmal aus kräftig geräucherten Rotaugenfilets auf Toast mit Vogelbeermeerrettichsahne, eine für Bomb völlig neue Kreation, der auch der Michelin einen Stern spendiert hätte.

Als Zwischengang gab es ein delikates Blutorangensorbet mit rotem Sekt zur Geschmacksneutralisierung.

Man plauderte, scherzte und war guter Dinge.

Vor dem Hauptgang vollzog sich diesmal eine umständliche Prozedur.

Der bleiche Butler trug zunächst gravitätisch ein merkwürdiges hohes, aus silbernem Metall bestehendes Gerät herein. Es stand auf vier kräftigen Beinen, über ihnen befand sich ein circa ein Liter fassender, ebenfalls silberner Hohlkörper, der offenbar aufgeklappt werden konnte – Bomb erkannte zu beiden Seiten Scharniere – und an dessen Vorderseite unten eine Ausgußtülle hervorragte.

Darüber wölbte sich ein schwerer Metallbügel, der von oben von einer massiven Spindel senkrecht durchbohrt wurde, deren unteres Ende im Innern des Hohlkörpers verschwand. Am oberen Ende der Spindel war ein Drehhebel angebracht.

Der Butler stellte dieses Gerät, das reich ziseliert war und sehr repräsentativ aussah, auf der Mitte der Tafel ab.

Bomb hielt das Ganze auf den ersten Blick für eine Art Fruchtpresse. Der Butler ging hinaus, um gleich darauf, begleitet von einem erwartungsvollen „Ah“ des Hausherrn, mit einer großen silbernen Schüssel wiederzukommen. Auf diesem Behältnis häuften sich eine Menge dunklen, blutigen, kleingeschnittenen Fleisches und Gebeines. Dann stellte der Butler noch ein Rechaud und eine weitere Silberplatte auf das Damasttischtuch.

Bomb warf dem Grafen, der sich genießerisch die Hände rieb (auch Carmilla und Millarca hatten glänzende Augen), einen fragenden Blick zu.

„Das ist eine alte woiwodische Spezialität, Mr. Woodpick“, erläuterte Dracs. „Wie Sie wissen, wird bei vielen Geflügelgerichten die Sauce mit dem ausgepreßten Saft des betreffenden Stücks gebunden. Dieser Saft besteht aber aus Blut, und er würde gerinnen, wenn man ihn zu stark erhitzt. Es ist daher mit größter Sorgfalt darauf zu achten, daß die Sauce nur so weit erwärmt wird, wie es zur Bindung unbedingt notwendig ist. Das klassische und populärste Geflügelgericht dieser Art, das direkt im Speisesaal bereitet wird, ist die bekannte Ente aus der Presse, auch Ente Frédèric genannt, Caneton à la presse ou Caneton Frédèric. In Frankreich nimmt man zu diesem Gericht meistens Rouenner Enten, das sind Blutenten, die nicht gestochen, sondern erstickt werden.

Wir hier in Transsylvanien bevorzugen allerdings statt der Enten saftige Fledermäuse. Wir bereiten also jetzt eine Chauve Souris à la presse ou chauve souris Frédèric. Interessiert Sie das Rezept, Mr. Woodpick?"

Bomb war fasziniert. Er nickte.

„Man nehme", fuhr daraufhin Graf Dracs genießerisch fort, „pro Person fünf bis sechs recht fleischige, zarte Jungfledermäuse. Am besten besorgt man sie sich gegen Abend zwischen 17 und 18 Uhr, wobei die an der Nordseite ihrer Behausung hängenden Exemplare erfahrungsgemäß die saftigsten sind. Die Tiere werden unmittelbar vor dem Essen erdrosselt und dann ganz kurz fünf bis zehn Minuten angebraten, damit sie noch ganz blutig sind. Die Keulen werden abgetrennt, die beiden Brusthälften in lange dünne Streifen geschnitten. Diese sogenannten Aiguillettes und das Gerippe werden mit einem starken, scharfen Messer kleingehackt."

Der Graf deutete auf die silberne Schüssel, die der bleiche Butler als erstes hereingebracht hatte und deren Inhalt jetzt portionsweise in die geöffnete Presse gegeben wurde.

Der Graf fuhr fort: „Man preßt nun das Blut langsam

aus, wobei ein halbes Rotweinglas guten Burgunders dazugegeben werden kann. Ich selbst halte nichts von dieser Beimengung, da ich den reinen Blutgeschmack schätze. Ich bin sicher, daß Sie mir da zustimmen werden. Es gibt nun verschiedene Methoden, wie die Fledermaus à la Frédèric weiter zubereitet werden kann. Meine leider allzu früh von uns gegangene Gemahlin bevorzugte die folgende ...“

Der Graf hielt einen Moment pietätvoll inne, Carmilla und Millarca schlugen seufzend die Augen nieder, dann setzte Dracs seine Erläuterungen fort, die der bleiche Butler synchron befolgte.

„Ein Viertel Glas Rotwein wird auf einer Silberplatte auf dem Rechaud fast gänzlich eingekocht und die Flamme ganz klein gestellt. Wenn der Wein nur noch mäßig warm ist, gibt man die Bruststreifen und Schenkel der Feldermäuse dicht nebeneinander auf die Platte und hält sie lauwarm, ungefähr auf der Körpertemperatur eines Warmblüters, das ist überaus wichtig, denn nur so entfaltet sich das volle Aroma“, sagte Graf Dracs kennerisch. „Nun wird das ausgedrückte Blut darübergegossen, mit Salz und Pfeffer leicht gewürzt und auf kleiner Flamme langsam erhitzt. Daraufhin wird sofort vorgelegt.“

Bomb war sehr gespannt, als endlich der Teller mit den so zubereiteten Fledermäusen vor ihm stand.

Er kostete.

Es schmeckte phantastisch.

Nach der labbrigfaden Aufbaudiät des Armeehospitals und der gelatinösen Klebrigkeit der Kost, die er während des Fluges vorgesetzt bekommen und zwischen Rom und Athen auf zusammengezwängten Knien hinuntergewürgt hatte, war dieses Essen für Bomb eine Offenbarung. Er sprach

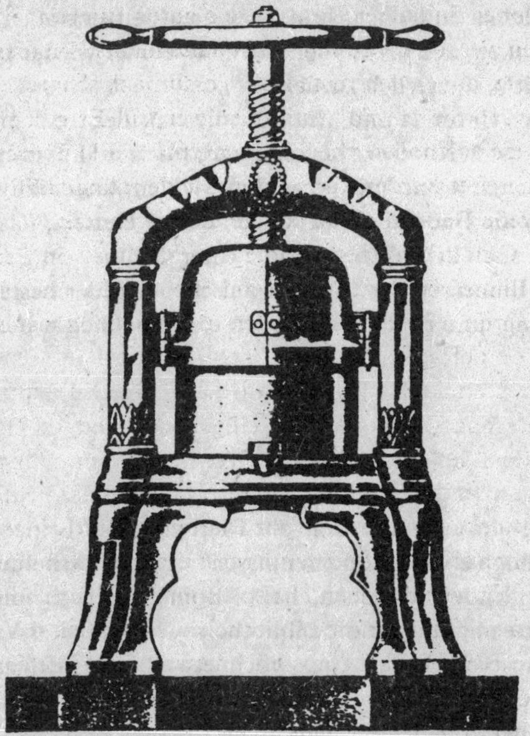

Für die Gourmets unter meinen Lesern:

Blutpressen dieser Art, sogenannte Entenpressen, die sich wie geschildert vorzüglich für Fledermäuse, des weiteren aber auch für Meerschweinchen, Maulwürfe, Singvögel, Ratten oder Embryonen jeder Art und in entsprechender Größe eignen – wobei man sich bei letzteren natürlich das leidige Ersticken erspart –, sind in Fachgeschäften, wie zum Beispiel bei der Firma Feinkost Dallmaier in München, Dienerstraße (hinter dem Rathaus) Telefon 089/21350, zum Preis von DM 3.980,– erhältlich (versilbert auf Mahagonisockel).

dem delikaten Gericht kräftig zu und hielt sich auch bei den Getränken, zumal ihm der alte Graf immer wieder Bescheid tat, nicht sonderlich zurück.

Auch Carmilla und Millarca, die statt des trockenen Rotweins roten Krimsekt bevorzugten, tranken ihm immer wieder lächelnd und mit verheißungsvollen Augen zu, so daß Bomb am Ende des Diners nach einem Dessert, das aus einer großen kristallenen Schale roter Grütze von Erdbeeren und Himbeeren der transsylvanischen Wälder bestand, beschwingt und rundum zufrieden und glücklich war.

25

Endlich hob der alte Graf die Tafel auf. „Ihr beiden werdet euch noch etwas gedulden müssen", sagte er lächelnd zu den schmollenden Mädchen, hakte Bomb väterlich unter und steuerte mit ihm auf die Bibliothek zu. „Euer alter Vater hat mit unserem lieben Gast noch etwas Geschäftliches und noch etwas Privates zu bereden, aber es wird nicht allzu lange dauern, und dann gehört er für den Rest des Abends euch."

Als der bleiche Lakai die hohen Flügeltüren zur Bibliothek hinter ihnen schloß, wandte sich Graf Dracs zu Bomb. Die heitere, gelöste Miene seines gebräunten Gesichts erlosch und machte einem sorgenvollen Ausdruck Platz.

„Ja, mein lieber James", sagte er, während er fürsorglich Bomb eine Silberdose mit aromatischen kubanischen Importen zuschob, „der Eindruck einer heilen und glücklichen Familie trügt oft. Auch ich habe meinen Kummer und meine sehr persönlichen Sorgen. Ich komme in die Jahre. Meine teure Gemahlin, die sehr frühzeitig das Zeitliche segnete, hat mir leider nur meine beiden geliebten Töchter geschenkt. Ein männlicher Nachkomme ist mir versagt geblieben. Meine Töchter sind zwar, wie Sie bemerkt haben werden, die für mich heißgeliebtesten Geschöpfe *dieser Welt*" – Bomb fiel auf, daß er das Wörtchen *„dieser"* besonders betonte –, „aber", so fuhr Graf Dracs fort „in dieser alten transsylvanischen Gegend gelten patriarchalische Regeln, die es unmöglich machen, daß dereinst meine Töchter denselben Rang einnehmen, wie ich es jetzt tue. Außerdem gelten sie durch ihren körperlichen Makel als gezeichnet und werden gemieden. Ach ja", sagte der alte Graf und stützte seufzend das Haupt in seine knochige Hand, „auch unsereins hat sein Bündel zu tragen."

Bomb schwieg verlegen und erschüttert. Es berührte ihn peinlich, daß dieser so mächtige und nach außen so harte Mann sich ihm so rückhaltlos offenbarte.

„Ich war während Ihrer Abwesenheit", fuhr der greise und jetzt zusammengesunkene Mann fort, „bei einem guten alten Jugendfreund in unserer Hauptstadt. Er ist ein ausgezeichneter Arzt und Ordinarius an der dortigen geriatrischen Klinik. Ich ließ mich untersuchen und mußte mir sagen lassen, daß es mit meiner Gesundheit nicht zum besten steht. Nichts Akutes, gewiß, aber die Zeichen mehren sich, daß die Zeit naht, mein Haus zu bestellen."

Graf Dracs stützte den Kopf in seine Hände und verbarg sein Antlitz.

„Nun läßt sich zwar manches noch überspielen und überschminken, die Wahrheit aber läßt sich immer nur mühsamer verbergen", fuhr der Graf fort, und Bomb sah erschüttert, wie zwei Tränen zwischen den hageren Fingern hervorquollen und die gebräunten Wangen hinabliefen, wobei sie bleiche Bahnen hinterließen. Das war also gar keine echte Sonnenbräune, sondern nur getönt. Bomb beschlich ein ungutes Gefühl. Er versuchte klar zu denken, aber der reichhaltig genossene Alkohol machte es ihm nicht leicht.

„Nichts wäre beruhigender für einen alten Mann wie mich", fuhr der Graf fort, nachdem er sich wieder etwas gefaßt zu haben schien, „als wenn er sein Lebenswerk, seine Besitzungen, seine noch unverwirklichten Pläne und nicht zuletzt seine geliebten Kinder in jungen, energischen, zielstrebig zupackenden Händen wüßte. Sagen Sie jetzt nichts, James, ich fordere auch heute von Ihnen noch keine Antwort. Überdenken Sie mein Angebot reiflich, bevor Sie sich entscheiden. Denn wenn Sie jetzt ja sagen, James, ist es unwiderruflich, dann ist es endgültig, denn wenn ich Sie einmal in die Geheimnisse meines Wirkens und *meiner Welt*" – er betonte das Wort *„meiner"* in der gleichen merkwürdigen Weise, wie er vor wenigen Augenblicken das Wort *„dieser"* betont hatte –, „wenn Sie also in diese Geheimnisse einmal eingeweiht sind, dann gibt es kein Zurück mehr."

Bomb versuchte zu begreifen.

Der Alte bot ihm anscheinend sein Reich, politische und wirtschaftliche Macht und seine zwei bildhübschen Töchter obendrein an. Er war sicher x-facher Millionär. Was waren dagegen das jämmerliche Monatssalär und der kümmerliche Spesenetat eines Agenten Ihrer Majestät, ganz zu schweigen von der Hungerleiderpension, die ihn danach, wenn er es überhaupt erlebte, erwartete.

Bomb schüttelte ungläubig den Kopf.

Jetzt ganz cool bleiben, dachte er, nur keine Fehler jetzt.

Es gelang ihm, sich schweigend und der Feierlichkeit der Situation entsprechend zu verneigen. Dann hob er die Hand.

„Exzellenz, Graf“, sprach er stockend und, wie er hoffte, beeindruckend, „ich weiß die Ehre zu schätzen, die Sie mir mit dieser Unterredung gewähren. Ich werde mit Sorgfalt und mit Ernst Ihre Worte überdenken und Ihnen in angemessener Frist, aber so bald als möglich, meine Antwort zuteil werden lassen.“

„Das freut mich, James“, rief der alte Graf bewegt.

Er packte des jüngeren Hand und hielt sie für Augenblikke in den seinen.

„Aber nun fordert die Jugend ihr Recht. Gehen Sie, mein Freund. Carmilla und Millarca harren Ihrer ungeduldig. Mich alten Mann aber entschuldigen Sie. Die späte Stunde und das Alter verlangen ihren Tribut.“

26

Sie tranken Champagner aus den Schalen ihrer Hände, aus den Quellen ihrer Münder und aus den Kelchen ihrer Nabel. Sie fütterten sich mit ihren Zungen, kosteten an ihren Körpern und labten sich an ihren Gliedern.

Das riesige, mit schwarzem Satin bezogene Bett Carmillas und Millarcas war Himmel und Hölle zugleich.

Es war das Paradies, das Nirwana, der Blocksberg, die Insel der Seligen, der Dschungel der Lüste, der Garten Eden, der Berg der Venus. Millarca und Carmilla waren unersättlich und von übermenschlicher Begierde.

Ihre Leiber boten ihm jede erdenkliche Lust, ihr weißes wollüstiges Fleisch stachelte ihn zur höchsten Ekstase.

Sie reizten alle seine Sinne bis zum Wahnsinn.

Er sah und kam.

Er fühlte und barst.

Er roch und raste.

Er hörte und explodierte.

Er schmeckte und zerfloß.

Rasende Wollust und wollüstiges Rasen kamen über ihn, wonnige Pein und peinigende Wonne, quälende Süße und süßeste Qualen.

Er war der Faun mit den Nymphen, er war Poseidon mit den Nereiden, er war Satan mit den Hexen.

Er war ihr Stier, ihr Eber, ihr Hahn und ihr Bock.

Sie waren Jungfrauen, und sie waren Huren.

Sie waren Tierweiber und Weibstiere.

Er vergewaltigte sie, und sie vergewaltigten ihn.

Sie machten ihn zum Gott des Fleisches, zum Priap und zum Satan, zum Succubus und zum Incubus.

Er ging durch alle Höhen und Niederungen der Liebe und der Lüste, durch alle Zärtlichkeiten und alle Perversionen.

Es war Elysium, ewige Verderbnis, Sodom und Gomorrha, die Hure Babylon.

Es war Hexensabbat und Schwarze Messe.

Es war der Palast des Nero, die Villa des Tiberius und das Schloß de Sades.

Endlich, nach fünfstündiger Raserei, lösten sich die ineinander verschlungenen Leiber und fielen auseinander.

Bomb versank erschöpft in einen traumlosen, tiefen Schlaf.

27

Draußen vor den dichtverhangenen, hohen Fenstern kroch langsam die Morgendämmerung herauf, als Bomb allmählich wieder zu sich kam. Sein Kopf lag zwischen den Schößen von Carmilla und Millarca, umfangen vom süßen, schweren Duft ihrer Weiblichkeit.

Er hielt die Augen weiter geschlossen und gab sich seinen Gedanken hin.

Nie vorher hatte er eine derartige Nacht erlebt, und er hatte bei Gott nie etwas anbrennen lassen.

Dies hier aber hatte alles Vorherige in einem unvorstellbaren Maße übertroffen. Es war die Erfüllung der geheimsten Wünsche eines jeden Mannes gewesen, und das Phantastische daran war, daß es nur an ihm lag, diese Wonnen wieder und wieder zu genießen.

Er wäre der größte Narr auf Erden, dieses Paradies zu verschmähen, und dazu kämen noch Macht, Geld und Ansehen. Er mußte diese Geschöpfe für immer besitzen. Vampire, Geister, dieser Unsinn kümmerte ihn nicht. Nie hatte er irdischere, fleischigere Wesen in seinen Armen gehalten.

Glücklich döste Bomb vor sich hin.

„Carmilla, pst", hörte er plötzlich flüstern.

„Ja", flüsterte Carmilla zurück.

Bomb spitzte die Ohren. Offenbar dachten die beiden Süßen, er schliefe, und wollten ihn nicht stören. Bomb war gerührt über so viel Rücksichtnahme. Er stellte sich weiter schlafend.

„Carmilla“, flüsterte Millarca wieder, „ist er nicht süß, unser James?“

„Ja“, wisperte Carmilla zurück, „er ist sehr süß.“

Bomb lächelte geschmeichelt in sich hinein. Diese beiden wonnigen Racker. Eine Welle der Zärtlichkeit überflutete ihn. Schon wollte er die beiden in einer heißen Aufwallung wieder an sich ziehen, da flüsterte Carmilla: „Sein Blut schmeckt so süß!“

„Ja“, wisperte Millarca „und seine Blutgruppe ist so delikat.“

Bomb fühlte, wie sich seine Nackenhaare aufstellten. Er war plötzlich hellwach, aber er zwang sich, die Augen geschlossen zu halten. „Er hat sich erstaunlich gut erholt in London“, fuhr Millarca fort, „und wir hatten ihn doch weiß der Teufel nicht geschont.“

„Er ist eben noch jung und voller Saft und Kraft“, sagte Millarca.

„Wie alt wird er denn sein?“ fragte Carmilla.

„Ich denke, ganz bestimmt 40 bis 45. Sieh nur sein dünnes Haar!“

Bomb knirschte mit den Zähnen, aber er zwang sich zur Ruhe.

„Natürlich ist er gegen Papa mit seinen 551 Jahren auf dem Buckel der reinste Jüngling“, sagte Millarca. „Teufel auch, wenn der wüßte, was wir beide für alte Mädchen sind.“

Bomb hörte höhnisches Kichern.

„Es ist höchste Zeit, daß ein neuer strammer Vampir ins Haus kommt“, fuhr Millarca fort. „Auf die faden Familienorgien habe ich schon lange keinen Bock mehr, und Papa reißt im Bett schon längst keine Bäume mehr aus. Er ist die letzten hundert Jahre schon ganz schön ruhiger geworden."

„Ja", sagte Carmilla, „er kommt eben in die Jahre. Wahrscheinlich hat er die Middeathcrisis."

„Wenn wenigstens die Werwölfe zu etwas zu gebrauchen wären", sagte Millarca.

„Hör mir doch mit denen auf", fauchte Carmilla. „Die sind doch alle andersrum. Wo du hinguckst, lauter Luposexuelle!"

Sie schwiegen betrübt.

„Ach, mich dürstet so nach ihm", jammerte Millarca. „Seit Jahrhunderten dieses dicke transsylvanische Blutsgesöff, da ist so ein kaltblütiger Engländer der reinste Nektar."

Sie seufzten.

„Meinst du nicht", sagte Carmilla, „daß wir uns einen kleinen Mundvoll erlauben sollten, nur einen klitzekleinen Schluck?"

„Aber der Alte hat es doch ausdrücklich verboten. Wir sollen ihn schonen", sagte Millarca. „Er wird verdammt sauer, wenn er es entdeckt."

„Ach was", sagte Carmilla, „jede nur einen Mundvoll. Wir beißen ihn ins Genick, da werden die Bisse vom Kragen verdeckt." Sie kicherte.

In Bomb tat sich ein Abgrund der Verzweiflung und des Abscheus auf. Es war also doch wahr. Diese widerlichen Blutsauger – und für sie hatte er seine Freiheit, sein Junggesellenleben und seine Pension aufgeben wollen.

„Also gut", stimmte Millarca zu, „aber jeder nur einen kleinen Mundvoll. Wir müssen es uns einteilen. Jede Nacht nur einen Mundvoll, genauso, wie es Papa auch beim Shuh macht."

Erbarmungslose Wut stieg in Bomb auf, aber er zwang sich zur Ruhe. Er spürte, wie Millarca und Carmilla sich leise aufrichteten und sich über seinen Hinterkopf beugten. Ein doppelter Atemhauch streifte seinen Nacken, er fühlte zwei leichte Stiche links und rechts an seinem Hals, tief hinter seinen Ohren. Carmilla und Millarca preßten ihre Lippen auf die Wunden und begannen sein Blut zu saugen.

„Hm, schmeckt das herrlich", ließ sich Carmilla vernehmen.

„O ja, so männlich und brünstig", stöhnte Millarca.

Das widerliche Schmatzen und Saugen der Vampire drang Bomb ans Ohr, der sich mit aller Gewalt zur Ruhe zwang und keinen Mucks von sich gab. Die teuflische Mahlzeit schien kein Ende nehmen zu wollen. Endlich ließen die beiden von ihm ab.

„Schade", maulte Millarca, „ich hätte noch solchen Durst."

„Ich auch", jammerte Carmilla, „aber wir müssen vernünftig sein, sonst merkt der Alte etwas, und dann gnade uns der Teufel."

„Du hast recht, außerdem ist es früh, es dämmert schon, wir müssen ruhen."

„Sind die Vorhänge auch gut geschlossen?" fragte Millarca.

„Ja, es ist alles dicht."

„Laß uns jetzt schlafen, morgen ist auch noch eine Nacht", erwiderte Carmilla.

Bomb fühlte, wie sich die beiden Bestien von ihm lösten und sich neben ihm zur Ruhe legten. Er war wie erschlagen.

Es war also doch so, wie M und Professor Van Helsing gesagt hatten. Er war Nachzehrern in die Hände gefallen.

Graf Dracs war tatsächlich Dracula, und seine Töchter waren ebenfalls Vampire. Welch ein Glück, daß sie sich beim Blutsaugen zurückgehalten hatten. Er hoffte, daß so nur eine geringe Dosis des Vampirgiftes in seinen Leib und seine Seele gedrungen war.

Wie gut auch, daß er entsprechend ausgerüstet war. Er pries jetzt die Weitsicht des Secret Service und die Effektivität seiner Ausrüstungsexperten.

Er blieb, während er in Gedanken all die Verhaltensmaßregeln und Ratschläge für die Vampirvernichtung wiederholte, die er von Professor Van Helsing erhalten hatte, so lange liegen, bis ihm die regelmäßigen Atemzüge der Vampirschwestern verrieten, daß sie in tiefen Schlaf gefallen waren.

Dann erhob er sich behutsam, griff sich seine Hosen und Schuhe und schlüpfte zur Tür hinaus.

Auf leisen Sohlen schlich er in sein Zimmer zurück.

28

Bomb kontrollierte zunächst seinen Blutdruck und seinen Puls. Alles war fast normal. Er war also noch glimpflich davongekommen. Dennoch schluckte er vorsorglich drei Tabletten eines Blutaufbaupräparates, das ihm Dr. Dreamhips in letzter Minute noch liebevoll in die Hand gedrückt hatte, und desinfizierte die beiden Bißwunden im Genick mit Jod.

Es brannte scheußlich.

Dann begann sich Bomb für den Endkampf auszurüsten.

Er öffnete seinen Attachékoffer. Als erstes entnahm er die Spezial-Luger für Silber- und Holzgeschosse und verstaute sie in einem Schulterholster, den er über seine Nato-Kampfweste schnallte.

Holzkeile und Teleskophammer hängte er in eine Gürtelhalterung, ähnlich der für einen Gummiknüppel. Knoblauchknollen und Weihwasserspray brachte er in den geräumigen Taschen der Weste unter. Zuletzt steckte er sich sein kurzes Nato-Kampfmesser in den Hosenbund.

006 war gerüstet.

Er schlüpfte auf den dämmerigen Gang hinaus.

Ein Blick aus den Fenstern zu den düsteren Bergwäldern zeigte ihm, daß es kurz vor Tagesanbruch war.

Bomb schlich zum Zimmer Carmillas und Millarcas zurück.

Geräuschlos öffnete er die Tür, das Weihwasserspray sprühbereit in der Rechten.

Er verharrte kurze Zeit regungslos an der Schwelle, bis er die regelmäßigen Atemzüge des zweileibigen Schwestervampirs vernahm. Er bewegte sich vorsichtig vorwärts, wobei er beinahe über sein achtlos auf dem Boden zurückgelassenes Smokinghemd gestolpert wäre, bis er an dem schwarzbezogenen Doppelbett vor Draculas Töchtern stand, mit denen er sich noch vor einer knappen Stunde in wollüstiger Raserei gewälzt hatte.

Ihn schauderte, als er an die vor ihm liegende Aufgabe dachte.

Carmilla und Millarca lagen, sich eng umklammernd, nackt und von satanischer Schönheit vor ihm. Liebreizend und doch verderbt, die Lippen einander berührend zum blutschänderischen Kuß, in ihren Mundwinkeln noch die Tropfen getrockneten Blutes ihres letzten Mahles. Schutzlos entblößt, unter den Hügeln vierer milchweißer Brüste, sah 006 die alabasterne Brücke des Fleisches, die die beiden Körper der Vampire miteinander verband und in der ihr gemeinsames Herz schlug. Es schimmerte rötlich durch die wächserne Haut und pumpte das geraubte Blut zahlloser Unglücklicher durch den unverwesbaren Leichnam des Vampirs, unermüdlich und in alle Ewigkeit, wenn es jetzt nicht endlich zum Stillstand gebracht wurde.

Geräuschlos zog Bomb den großen schwarzen Eichenholzkeil aus seiner Halterung. Mit der Linken setzte er die Spitze des Holzes über das zuckende Herz des Ungeheuers. Mit der Rechten hob er den schweren Hammer weit über seinen Kopf.

Dann schlug er mit aller Kraft zu.

Mit Grausen spürte er, wie das Holz geschoßartig in das pulsierende Fleisch drang.

Ein zweifacher gräßlicher, grauenhaft tierischer Schrei, wie ihn Bomb nie zuvor vernommen hatte und wie er ihn auch nie mehr zu vernehmen hoffte, drang aus zwei aufgerissenen Mündern, weithallend, dann schaumig und gurgelnd abbrechend.

Vier Augen quollen blutunterlaufen, den unerbittlichen Henker anklagend, aus ihren Höhlen.

Vier Hände krallten sich mit teuflischer Kraft um den endgültig todbringenden Pfahl und versuchten vergeblich, ihn aus dem zerstörten Herzen zu ziehen.

Zwei nackte Körper warfen sich verzweifelt hin und her, obszön die Beine spreizend, um das unausbleibliche Ende von sich zu schütteln. Bomb warf sich mit aller Kraft auf den aufragenden Pfahl, hielt ihn nieder, griff hinter sich und stopfte eine Handvoll Knoblauchknollen in die aufgerissenen Medusenmäuler des Zwillingsvampirs, bis tief in den gurgelnden Rachen.

Er riß das Nato-Kampfmesser aus seiner Scheide und trennte mit zwei kurzen Hieben die Köpfe Millarcas und Carmillas von ihren Rümpfen. Dann trat er zurück und erbrach sich.

29

Ein Geräusch hinter seinem Rücken, ein eisiger Lufthauch in seinem Nacken, ließen ihn herumfahren.

Graf Dracula stand in der Tür.

Der Todesschrei seiner Töchter hatte ihn geweckt.

Das bleiche Gesicht des alten Vampirs war eine grauenvolle Fratze tückischer Bosheit und höllischer Wut. Folter, Mord und Rache tobten auf seinen Zügen. Seine Augen quollen blutunterlaufen aus ihren Höhlen, die großen Wolfszähne bleckten aus ihren Lefzen. Geifer troff von seinen blutleeren, verzerrten Lippen, die knochigen, klauenartigen Hände mit den spitzen, hornigen Nägeln erhoben sich nach seinem Opfer krallend in die Luft.

Bomb versuchte in rasender Eile den Eichenpfahl aus Camillarca zu ziehen, aber in höhnischer, unüberwindlicher Kraft klammerten sich vier Knochenhände um das Werkzeug, das sie gepfählt hatte, und hielten es unverrückbar fest.

Schon stürzte sich Dracula mit teuflischem Fauchen auf Bomb.

Der Agent ließ den Pfahl los und konnte sich nur mit Mühe des ersten Ansturms des Vampirs mit einer Ladung Weihwasserspray erwehren.

Dracula wich aufbrüllend und spuckend zurück, er schlug wild um sich, um den geweihten Nebel zu zerteilen.

Bomb benützte die wenigen Sekunden, um durch die Tür zu entkommen. Ein rascher Blick aus den Gangfenstern zeigte ihm, daß die noch unterm Horizont stehende Sonne bereits die höchsten Wipfel der umliegenden Berge in roten Morgenschein zu tauchen begann. Also nach oben. Er raste die breiten Treppen hinauf, die nach dem zweiten Stockwerk in die enge Wendeltreppe, die zum höchsten Schloßturm, zum Burgfried, mündeten.

Er hastete die ausgetretene steinerne Spirale empor.

Wieder hörte er Graf Dracula hinter sich keuchen, der näher und näher kam. Abermals legte er eine geweihte Nebelwand zwischen sich und seinen unbarmherzigen Verfolger, was ihm wieder wertvolle Sekunden Atempause verschaffte, aber er merkte zu seinem Entsetzen, daß sich der Vorrat in der Dose seinem Ende zuneigte.

Er rannte mit letzter Kraft, hastete weiter die Stufen empor und stieß am Ende der Treppe auf eine hölzerne Tür, die offenbar ins oberste Gemach des Turmes führte. Schon war ihm Dracula wieder brüllend auf den Fersen.

Bomb rüttelte an der Tür. Gottlob, sie war nicht verschlossen. Quietschend und ruckend gab sie nach. Bomb stürzte hinein und schlug sie hinter sich zu. Der alte hölzerne Riegel, der an ihrer Innenseite hing und den er hastig vorschob, würde nicht lange standhalten. Bomb sah sich um. Er war im obersten runden Gemach des Turmes. Durch vier blinde Fensterscheiben, die teilweise zerbrochen waren und von denen jede in eine andere Himmelsrichtung wies, drang das trübe Zwielicht der Morgendämmerung herein. Der Raum war bis auf eine alte eiserne Truhe, die das einzige Inventar bildete, leer. Eine dicke Staubschicht bedeckte die knarrenden Dielen, Spinnweben waren zu fingerdicken Strängen angewachsen.

Eine zweite Tür an der Ostwand führte augenscheinlich zur Balustrade mit ihren steinernen Zinnen hinaus.

Bomb holte röchelnd Atem.

Schon warf sich Dracula tobend gegen die Eingangstür.

Bomb schleppte keuchend die eiserne Truhe heran und schob sie davor. Das Weihwasserspray war völlig geleert.

In den Taschen seiner Weste fand er noch einen Rest Knoblauchblüten, die aber Dracula höchstens Sekunden aufhalten würden. Den Pfahl und den Hammer hatte er zurücklassen müssen.

Er langte nach seiner Luger. Seine Hand griff vergeblich. Der Halfter unter seiner Schulter war leer. Er mußte die Waffe beim Gerangel mit dem Leichnam Camillarcas verloren haben.

Panik überfiel Bomb.

Wieder warf sich draußen der Vampir brüllend gegen sein Hindernis, die eisernen Bänder mit ihren verrosteten Nägeln lockerten sich bedrohlich unter den wütenden Stößen des Ungeheuers im morschen Holz der Tür.

Bomb rannte zur Tür, die auf die Balustrade führte. Er drehte den großen eisernen Schlüssel, der in ihrem Schloß steckte, zog ihn ab und stieß die Tür in ihren kreischenden Angeln auf.

Er spähte hinaus.

Nebel umwallten den Turm, der spärliche rosa Schein des

Tages, der sich im Osten zeigte, legte sich zaghaft über die Berge. Noch aber lag die Sonne unter dem Horizont.

Was sollte er tun?

Mit bloßen Händen hatte er keine Chance gegen die übermenschlichen Kräfte dieses Dämons. Da wäre es wohl besser, er würde sich selbst in die Tiefe stürzen, als diesem Satan lebend in die Hände zu fallen. Er suchte verzweifelt einen Ausweg.

Wie bereute er es jetzt, daß er in seiner Überheblichkeit Kreuz und Bibel zurückgelassen hatte. Seine Gedanken rasten.

Er war unfähig, zu einem Entschluß zu kommen.

Vielleicht hatte er drinnen doch die größeren Chancen. Er steckte den rostigen Schlüssel von außen in das Schloß und sprang wieder in den Raum zurück. Auf jeden Fall mußte er Zeit gewinnen. Röchelnd lehnte er sich von innen gegen die Tür.

Da brach unter dem letzten mächtigen Ansturm Graf Draculas die Vordertür aus ihren Angeln. Als der Vampir in den Raum stürzte, war es der Anblick der Hölle selbst.

Geifer, Gift und Galle troffen von seinen Lippen. Die spitzen Eckzähne ragten fletschend hervor, die Klauen seiner behaarten Hände krallten in die Luft.

Als der Vampir sein Opfer erblickte, das ihm, von keuchendem Atem geschüttelt, ohne Waffen wehrlos gegenüberstand, breitete sich teuflischer Triumph über seine satanischen Züge aus. Ein wildes, bestialisches Lachen brach aus seiner knochigen Brust hervor, tief und drohend zuerst, dann höher und höher, zuletzt gellend und schrill in höchstem Diskant.

Dracula stieg auf die umgestürzte eiserne Truhe und breitete die Arme aus, als wollte er fliegen. Bomb konnte das Rote im Auge seines Feindes erkennen.

„Nun, Mr. Woodpick", rief Dracula drohend, „jetzt ist die letzte Runde des Spieles gekommen. Es ist die allerletzte für Sie, der Sie doch das Spiel so liebten, aber Sie haben diesmal zu hoch gesetzt."

Er atmete rasselnd.

Bomb konnte seinen Pestatem und Bocksgestank quer durch das Zimmer riechen.

„Aber", fuhr der Vampir fort, „ich werde Sie nicht vernichten, ohne Ihnen vorher zu sagen, was Sie erwarten wird. Ich werde Sie töten auf die entsetzlichste Weise, auf die je ein Mensch getötet wurde" – er kicherte teuflisch –, „aber Sie werden nicht tot sein. Nein, Sie werden nicht tot sein. Sie werden mein Geschöpf sein, meine niedrigste Kreatur. Ohne Willen, denn ich werde den Ihren brechen. Blind, denn ich werde Ihnen die Augen aus den Höhlen reißen. Unsäglicher Durst nach Blut wird Sie quälen, aber Sie werden keines bekommen. Nur das aasige Fleisch und die fauligen Säfte von Kadavern werden Ihre Nahrung sein, bis in alle Ewigkeit."

Bomb wurde es schlecht. Er begann zu würgen.

Dracs sah es mit teuflischer Freude.

„Sie haben mich unterschätzt, Mr. Woodpick – oder Mr. Bomb vom Secret Service, wie ich besser sagen sollte. Ja, ich weiß auch das, seit langem schon. Sie sehen, Sie haben mich wirklich unterschätzt, und das war ein tödlicher Fehler. Aber trösten Sie sich, Mr. Bomb, bis jetzt hat mich noch jeder unterschätzt, sonst stünde ich nicht hier nach 551 Jahren.

Das hier ist ein Spiel für ältere Herren und nicht für kleine Jungs. Dein Papi in England hätte dich nicht mit einem Knallkorkengewehr und einem Blechauto herüberschicken sollen. Ich fürchte, mein Kleiner, jetzt gibt's Keile!"

Er blähte sich auf seinem rostigen Podest mehr und mehr auf.

„Sie glauben, ich wäre an Politik interessiert. Das ist ein Irrtum. Nein, Mr. Bomb, ich habe kein Interesse an Politik. Graf Dracula schert sich doch nicht um die Belange von euch armseligen Erdenwürmern. Ich benutze nur eure armselige Politik und eure menschliche Dummheit, um bald die ganze Welt zu beherrschen. Mein Weltbild ist kein kapitalistisches oder kommunistisches, es ist ein haematotales. Was kümmert mich der Westen oder der Osten, was kümmert mich der Secret Service oder der KGB. Nichts! Ich werde die Welt der Menschenwürmer in eine Welt der Blutgeister verwandeln."

Sein bleiches Antlitz strahlte prophetisch.

„Erde und Wasser sind überholte Elemente. Ich werde Berge von geronnenem Blut gegen den Himmel türmen. Blutstürze werden in Katarakten über Fibrinfelsen herabfallen. Ströme von Plasma und Lymphe werden die Kontinente durchädern. Ich und meine Geschöpfe der Nacht, die Nachzehrer, die Untoten, werden den schwarzen Mantel aus Angst und Aberglauben über alle Völker breiten. Wir werden alles beherrschen, vom Bluttonium bis zum kleinsten Blutkörperchen. Blutrausch und Blutbäder werden die Menschheit überkommen, Blutrache und Blutschande wird das Schicksal der Völker bestimmen. Wir werden uns Menschentiere züchten, um sie auszusaugen. Wir werden uns an dem frischen Blut ihrer Kinder laben. Es wird nur noch eine Lehre geben, die der Haemosophie, und es wird nur noch eine Wissenschaft geben, die Haematologie, und nur noch eine Liebe, die Haemophilie. Reaktionäre Haemostyptiker und Haemostatiker werden wir ausrotten, der Haematotalismus und die Blutakrotie werden siegen!

Wir werden uns nicht mehr vor der Sonne zu verstecken haben, denn die Sonne wird von Schwärmen der Vampire und der Haematopoten für immer verdunkelt sein.

Und wenn dann eines Tages die niedrige Menschenbrut ausgesaugt ist und sich ihre vertrockneten Körperhüllen zu Halden türmen, wenn die Erde nur noch aus blutleerer Schlacke, vertrockneten Haemazyten und Haemozytoplasten besteht, dann wird das Heer der Haemoniten mit haematomarer Kraft aufbrechen in den Weltenraum zu neuen blutvollen Gestirnen, zu Bluto und anderen fernen Haemorrhoiden", prophezeihte Dracs mit haematogener Verklärtheit und verharrte noch Sekunden in seiner Vision.

Du Bluthund, du dreckiger Sohn einer blutigen Hündin, dachte Bomb.

„Doch genug der Worte", fuhr der Dämon drohend fort, „denn noch bevor dies alles seinen Anfang nimmt, werde ich, Wladimir Graf Dracula, Vampir der Vampire, mit dir Erdenwurm abrechnen und mich an deinem Blut laben."

Und der Schreckliche begann von seiner Kiste herabzusteigen und seine Krallen nach Bomb auszustrecken.

Bomb riß in Todesangst die letzten kümmerlichen Knoblauchreste aus seinen Taschen und warf sie zwischen sich und seinen Gegner.

Dracs wich angewidert zurück und machte einen Schritt zur Seite, um den für ihn ekligen Blätterhaufen zu umgehen. Diesen Augenblick benutzte Bomb, um die Tür aufzureißen. Er stürzte auf die Balustrade hinaus und drehte den von außen steckenden Schlüssel im Schloß herum. Die kalte Morgenluft umschauerte ihn. Er wußte, dies war nur ein Aufschub. Dracula würde in kürzester Zeit die morsche Tür aufgesprengt haben. Schon zeigten ihm dumpfes Dröhnen, bröckelnder Kalk aus den Fugen der Mauer und höhnisches Gelächter an, daß das Monstrum, seines Sieges sicher, sein Werk bereits begonnen hatte.

Mein Gott, dachte Bomb, gibt es denn gar keine Lösung? Er blickte verzweifelt um sich.

Ein leichter Wind begann die Nebelfetzen, die um den Turm hingen, vor sich herzutreiben.

Diese Brise bewegte auch eine Standarte, die, bisher von Bomb unbemerkt, auf einer hölzernen Fahnenstange, die zwischen den steinernen Zinnen herausragte, schlapp und regungslos hing. Sie blähte sich auf und knatterte leise im Wind.

Eine Fahnenstange, eine hölzerne, spitze Stange!

Bomb rannte los, brach mit gewaltiger Kraftanstrengung die unterarmstarke und zwölf Fuß lange Stange aus ihrer Halterung und rannte zur Tür zurück.

Mit gesenkter Fahnenspitze, die auf den zu erwartenden Todfeind wies, nahm er, mit dem Rücken an die steinernen Zinnen gelehnt, Aufstellung.

Keinen Augenblick zu früh!

Unter dem letzten wuterfüllten Ansturm des Vampirs barst die Tür aus ihren Angeln. Dracula brach mit ihr aus der Mauer und stürzte heraus, sie unter sich begrabend.

Schäumend vor Wut richtete sich der Dämon auf, um sich auf Bomb zu stürzen.

Da brach der erste schmale Sonnenstreif durch die Wolken. Er fiel direkt auf das scheußliche Haupt des Vampirs.

Dem geifernden Mund und dem Gewirr der spitzen, gefletschten Zähne entquoll ein angstvolles Kreischen. Die krallenbewehrten Hände ruckten abwehrend vor die rotgeäderten Pupillen, um das lähmende Licht der Sonne abzuhalten. Der Vampir war geblendet und für einen kurzen Augenblick ohne Deckung.

Schon sprengte der edle Sir James Lanzelot Bomb auf Schusters Rappen mit vorgestreckter Lanze heran wie weiland der Ritter St. Georg mit verhängten Zügeln gegen den Drachen.

Die hölzerne Spitze der Fahnenstange drang Graf Dracula in die Brust, durchbohrte sein teuflisches Herz und nagelte ihn auf den morschen Bohlen der unter ihm liegenden Tür fest, wo ihn 006, der furchtlose Agent Ihrer britischen Majestät, mit unerbittlicher Kraft niederhielt.

Der Urlaut des Bösen, der Schrei der sich geprellt sehenden Hölle, entfuhr dem Monster. Er drang weit über die düsteren Wälder dahin, tief in die erschreckten Täler hinein. Lang, gellend und voller Qual, um dann mit einen gräßlichen Gurgeln zu enden.

Bomb hielt die Stange im Herzen seines Gegners unter Aufbietung seiner letzten Kraft fest. Das Monster unter ihm bäumte sich wieder und wieder auf. Endlich sanken die Krallen der behaarten Hände, die den Pfahl umklammerten, herab. Die rotgeäderten Augen Draculas flossen als schwärzlicher Schleim aus ihren gähnenden Höhlen, die Zunge wälzte sich unter gräßlichen Zuckungen aus ihrem stinkenden Verlies. Klumpen fauligen Fleisches lösten sich von der Stirn, von den Wangen, vom Kinn, sie fielen zur Erde und wurden zu Staub. Die Muskeln des Körpers schrumpften und verwesten, der Leib blähte sich auf und sank dann in sich zusammen.

In wenigen schauderhaften Sekunden war der sonst Monate und Jahre dauernde Verwesungsprozeß beendet. Dann lag ein gebleichtes Skelett vor Bomb, aufgespießt auf einer hölzernen Stange, an der das verschimmelte Emblem des Geschlechts derer von Dracula hing: eine schwarze Fledermaus auf blutrotem Grund.

Von Ekel geschüttelt hob Bomb das Skelett an der Stange in die Höhe, schob es über die steinernen Zinnen hinaus, trennte mit einem Schlag den Schädel vom knöchernen Rumpf und ließ die Reste des Vampirs in die Tiefe poltern.

Und ringsum aus den schwarzen Wäldern Transsylvaniens erscholl das Geheul der Wölfe, brach sich vielhundertfach im Echo der Berge und Täler.

Bomb lief die Treppen hinunter in sein Zimmer und warf seine Habseligkeiten in die große Reisetasche. Als er die Treppen herunter in die Halle gerannt kam, schoß jaulend mit eingekniffenem Schwanz ein räudiger, struppiger Wolf, dem die weißgepuderte Lakaienperücke noch zwischen den Ohren hing, zur Eingangstür hinaus und raste über den Hof davon.

„Verfluchtes Spukschloß", stieß Bomb hervor, setzte sein Gepäck ab und holte sein goldenes Dupont-Feuerzeug hervor – eine Imitation made in Hongkong mit der Gravierung „von M für J" – die erste und letzte Morgengabe seines Chefs. Was tut man nicht alles für sein berufliches Fortkommen.

Er trat zu den hohen gotischen Fenstern und hielt die flakkernde Flamme an den brüchigen, zundertrockenen Brokat der schweren Portieren. Die Flamme fraß sich züngelnd und knisternd empor.

Bomb nahm seine Habe wieder auf und durchquerte rasch die Halle. Im Hof sprang er in den Jensen FF, die vier angetriebenen Räder schleuderten den Kies des Burghofes hinter sich. Bomb steuerte den Wagen zum Tor hinaus und den steilen Weg nach unten. Nach wenigen Minuten, am Ende der Serpentinen, bremste er ab und wandte sich zurück.

Draculas Schloß lag hoch oben im purpurnen Licht der Morgensonne. In allen Fenstern schien sich der blutrote Schein des Tagesgestirns zu spiegeln, das sich gerade vom östlichen Horizont gelöst hatte. Dann brachen unter klirrendem Krachen der Scheiben die Flammen aus dem Gemäuer. Eine lodernde Riesenfackel aus Feuer, Funken und Rauch stieg zum Himmel empor.

Und über dem berstenden Dach des Schlosses erhob sich eine riesige Wolke schwarzer Fledermäuse, die mit schrillen Schreien in den Himmel stoben.

Der Agent richtete den Blick nach Westen und trat den Gashebel durch.

30

Gleich nach seiner Ankunft mit der Abendmaschine in London war Bomb auf der medizinischen Station des Secret Service in Quarantäne gesteckt worden. Er lag völlig isoliert in einem Einzelzimmer. Zu seiner großen Enttäuschung führte die abschließende ärztliche Untersuchung nicht Dr. Dreamhips, sondern ein bebrillter, überaus korrekter wortkarger Haematologe durch. Zahlreiche Tests wurden gemacht, zwischendurch blickte M herein, der aber auch nur Belangloses von sich gab.

Endlich, nach zwei Tagen, war auch das überstanden. Medizinisch war alles in Ordnung. Als er den Haematologen nach Dr. Dreamhips fragte, antwortete der: „Weiß nicht genau, wo sie ist, Sir. Glaube, ein paar Tage auf Verwandtenbesuch in Irland. Eine Cousine, glaube ich."

Nach seiner Entlassung aus der Quarantäne wurde er am dritten Tag zu M zum Rapport befohlen.

Im Vorzimmer hatte Bomb sich vergeblich nach der munteren Miß Pimpermoney umgesehen. Die alte vertrocknete Kuh mit den vorstehenden Raffzähnen, die sie vertrat, hatte ihm nur schadenfroh mitgeteilt: „Miß Pimpermoney hatte noch fünf Tage Urlaub gut, die hat sie jetzt genommen."

Es war eine Pleite auf der ganzen Linie.

Die groben Züge des Unternehmens hatte Bomb schon per Funk auf der Heimreise nach London durchgegeben. Jetzt quetschte M, wie üblich, mit Akribie alle möglichen Einzelheiten über den personischen Hof aus ihm heraus. Zuletzt mußte Bomb – auch das war unvermeidlich – darüber noch einmal einen ausführlichen schriftlichen Bericht abfassen, eine Arbeit, die ihn jedesmal an den Rand der Verzweiflung brachte. Als er das mit Hängen und Würgen hinter sich gebracht hatte, nahm ihn Professor Van Helsing in die Mangel, der sich an jeder unappetitlichen Einzelheit der Vampirliquidierung delektierte und auf dessen Schreibtisch sich Berge von Notizen darüber anhäuften.

Die ganze Gelehrtheit dieses Herrn begann Bomb anzuwidern, obwohl er wußte, daß er nur ihm sein Leben zu verdanken hatte.

Schließlich war auch das überstanden. Am vierten Tag seiner Rückkehr war Bomb endlich frei, er hatte eine Woche Sonderurlaub erhalten und begann langsam wieder in sein normales Leben – wie er es gewohnt war, wenn er sich in London aufhielt – zurückzufinden.

Er stand an diesem ersten freien Tag wie üblich gegen 7.15 Uhr auf, das 3-Minuten-Ei im dunkelblauen Minton-Eierbecher mit goldenem Rand mundete ihm vorzüglich, und der extrastarke De Bry-Kaffee weckte seine Lebensgeister.

Er trödelte etwas in der Wohnung herum und blätterte in den aufgestapelten Tageszeitungen, die ihm seine Haushälterin aufgehoben hatte.

Am späten Vormittag fuhr er auf den Golfplatz hinaus, spielte allein 18 Loch, wobei er zu seiner Freude drei Schläge unter seinem Handikap blieb.

Er aß einen herzhaften Brunch im Clubhaus, Schinken, Ei, geräucherten Lachs auf Toast und Artischockensalat.

Dann hockte er sich an die Bar und flachste mit dem Keeper, bis ein blutjunges dralles Golfküken von der Driving-Range hereinkam und eine Cola auf Eis bestellte.

Er kam mit ihr ins Gespräch und erfuhr, daß sie Schwierigkeiten mit dem überlappenden Griff habe. Kurz darauf sah sich Bomb, angenehm durch drei Wodka-Martini erwärmt, hinter dem Küken auf dem Sisalteppich vor der Bar stehen, von hinten über die Schultern der Blondine greifend, ihr den korrekten einzig wahren Bomb-Spezial-Überlappungsgriff demonstrierend. Es war ein überaus angenehmer Unterricht. Bomb korrigierte ihre Fingerchen auf dem Leder des Eisens Nr. 8, wobei sie ihm mit vor Eifer hochrotem Kopf ihren drallen Hintern an seinen Bauch preßte.

Das Ganze ließ sich prächtig an.

Bomb wollte ihr gerade vorschlagen, anschließend mit ihm zum Essen zu gehen, vielleicht konnte er ihr dann später bei ihm zu Hause auf dem grünen Schlafzimmerteppich noch etwas von den Geheimnissen des Puttens beibringen und der Staunenden zeigen, wie zielstrebig der Handikap-4-Spieler Bomb einzulochen pflegte, als er ans Telefon gerufen wurde.

Es war M.

Dieser hatte ihm etwas Wichtiges mitzuteilen: Bomb solle ihn deshalb um 19 Uhr in seinem Club in der Mall treffen.

Bullshit, dachte Bomb. Aber Dienst ist Dienst, und Golf ist Golf. Er blickte auf die Uhr. Es war schon 17.30 Uhr. Er verabschiedete sich von dem sichtlich enttäuschten Küken und fuhr mißmutig nach Hause. Es blieb ihm kaum Zeit zum Umziehen.

Er wählte, um M zu ärgern, eine etwas kühne Farbzusammenstellung: eine mittelblaue Leinenhose, einen babyblauen Blazer und ein schwarzweißgestreiftes Hemd mit blaugrüner Krawatte. Er wußte, das war nichts für M's tristen Geschmack.

Dann schlängelte er sich mit dem Bentley durch den abendlichen Verkehr zur Mall.

31

Als er das große graue Gebäude mit den beiden korinthischen Säulen neben dem Eingang betrat, wartete M schon ungeduldig in der Halle auf ihn.

Er stach auf Bomb zu.

„Äh, da sind Sie ja endlich, 006", sagte er verärgert.

Bomb blickte auf seine Rolex. Es war fünf Minuten vor der Zeit.

„Guten Abend, Sir", sagte er.

„Guten Abend, guten Abend", sagte M. „Haben Sie schon etwas gegessen, James?"

„Ja", sagte Bomb. Er kannte das Essen im Club: Es war völlig ungenießbar.

„Gut, gut", sagte M. „Ich brächte jetzt auch keinen Bissen hinunter. Lassen Sie uns in die Bibliothek gehen, dort können wir ungestört reden."

Er eilte dem Agenten mit großen Schritten voraus.

Was ist denn los, fragte sich Bomb. M schien ja völlig aus dem Häuschen zu sein. Na ja, er würde es ihm schon verraten.

Sie gingen in die Bibliothek im ersten Stock, wo bei einem schlechtbrennenden Kaminfeuer ein halbes Dutzend regloser Gestalten in ihren Sesseln vor sich hindösten.

Lauter alte Krautstöcke, dachte Bomb, aber es war die Elite des Empire, daran war nicht zu rütteln.

Sie ließen sich auf zwei abgewetzten Lederfauteuils nieder, auf der Seite Bombs flankiert von der Mumie eines Brigadegenerals, der speichelblasend vor sich hindämmerte, auf der Seite M's schnarchte das von Morbus Parkinson geschüttelte Knochengestell eines ehemaligen Staatssekretärs.

Wirklich gemütlich, dachte Bomb, eine Stimmung wie im Krematorium. Die Clubdiener mit ihren Leichenbittermienen fügten sich nahtlos in diese Friedhofsatmosphäre.

Typisch, daß M Mitglied dieses Clubs war. Der war auch so ein Temperamentsbolzen. Aber was wollte er jetzt eigentlich von ihm?

M schien auf einmal keine Eile mehr zu haben. Er begann über das Wetter zu reden, kam auf die Regatta zwischen Oxford und Cambridge zu sprechen, ließ sich über die Lagerung von Portwein und Stiltonkäse aus und sprach über Gott und die Welt und über die politische Lage im allgemeinen und speziellen.

Bomb machte keinen Versuch, M zu unterbrechen. Er wußte, wenn M einmal seine Suada angefangen hatte, gab es kein Halten mehr. Sein Beitrag beschränkte sich auf ein gelegentliches „ganz recht, Sir“ oder „ich bin ganz Ihrer Meinung, Sir.“

Er begann langsam müde zu werden.

Die 18 Loch Golf, die Drinks am Nachmittag, dann dieser schlechtgelüftete Saal voller Altmännermief, das alles machte ihm zu schaffen. Sein Kopf sackte ein paarmal vornüber, und er ertappte sich dabei, daß ihm mehrmals für einige Augenblicke die Lider herunterfielen.

„... es hat also geklappt“, sagte M triumphierend.

Bomb schreckte aus seinem Sekundenschlaf auf. „Verzeihung, Sir, was hat geklappt?“ fragte er völlig desorientiert.

„Aber James, seien Sie doch nicht so begriffstutzig“, sagte M.

„Es hat geklappt, James, sie ist schwanger.“

„Wer?“ fragte Bomb blöde.

„Herrgott noch mal, wer wohl? Die Shubanuh! Hören Sie mir eigentlich zu?“ fragte M konsterniert.

„Aber selbstverständlich, Sir“, beeilte sich Bomb zu versichern.

„Es – kommt nur so überraschend. Ist es auch sicher?“

Langsam sickerte die Bedeutung der Nachricht in seine Gehirnzellen ein.

„Völlig sicher. Wir haben eine Agentin als Krankenschwester ganz nahe am Leibarzt Ihrer kaiserlichen Majestät plaziert. Gewissermaßen hautnah. Es ist also aus erster Hand. Die Shubanuh hat sich gestern einem Schwangerschaftstest unterzogen, der positiv ausfiel. Außerdem hat sich der Shuh seit dem Tode Draculas gesundheitlich erholt. Er hat seine Impotenz überwunden, wird also seine Vaterschaft nicht anzweifeln", sagte M.

Sehr diskret ausgedrückt, dachte Bomb, auf gut englisch heißt das, der Shuh kriegt ihn endlich wieder hoch.

„James, ich muß sagen, Sie haben ganze Arbeit geleistet." M nickte anerkennend. „Ich habe immer gewußt, daß ich mich diesbezüglich auf diese Ihre – äh – Fähigkeiten verlassen kann."

So, hast du das, dachte Bomb.

„Damit hat sich die politische Situation im Vorderen Orient ganz wesentlich zu unseren Gunsten verändert", fuhr M fort. „Dazu kommt noch die Eliminierung eines Spitzenagenten von B.O.R.SCH.T.SCH. Ich muß sagen, James, ich bin mehr als zufrieden mit Ihnen."

Er rieb sich freudig die Hände.

„Auch höheren Ortes weiß man Ihre Leistung zu schätzen, das weiß ich definitiv." Und dann ließ M endlich die Katze aus dem Sack: „006, ich kann Ihnen mitteilen, daß Sie zum Ritter des Hosenbandordens vorgeschlagen sind. Es liegt also nahe, daß Sie sich in Bälde auch einmal ordentlich ankleiden müßten. Es würde mich sehr freuen, 006, wenn Sie den Sekret Service im Buckingham-Palast nicht durch Ihre etwas – äh – indezente Kleidung kompromittieren würden."

Natürlich, darauf hatte Bomb schon lange gewartet.

M hatte es gerade nötig. Er sah doch mit seinem schäbigen Tuchmantel und seinem abgeschabten Samtkragen wie ein Altteddy aus.

„Ach, Chef", meinte Bomb, „sagen Sie doch Lissy, sie soll sich keine Umstände machen. Sie möchte die Strumpfbandmedaille einfach in ihrer Nachttischschublade bereithalten, ich komme dann gelegentlich vorbei, wenn ich wieder mal an Schlaflosigkeit leide, und hol' sie mir dann zusammen mit einem Fläschchen Wein ab. Sie soll bloß das Balkonfenster nicht abschließen. Vielleicht können wir dann vor dem Aufstehen noch ein bißchen plauschen, vorausgesetzt, Philipp stört uns nicht, aber der ist ja meistens nicht zu Hause."

Bomb blickte M an.

„Haha", schloß er lahm, als er bemerkte, wie sich M's Gesicht bei seinem Geflachse versteinert hatte.

Na ja, dachte er, dann nicht, du humorloser Gimpel. Der Abend war ja sowieso nicht mehr zu retten.

Er schwieg verstimmt.

M, der Bombs Ausrutscher eisig überging, plauderte weiter. Er palaverte und palaverte. Endlich war auch M müde. Zweimal schon war ihm die Dunhill mit ihrer stinkenden Sondermischung aus dem Gesicht gefallen und funkenstiebend auf seiner greulich gemusterten Weste gelandet.

Schließlich erhoben sie sich vorsichtig, um den blasenwerfenden Militär und das leise vor sich hinvibrierende Skelett nicht zu wecken, ließen sich ihre Mäntel im Foyer geben und traten in die kühle Londoner Nacht hinaus.

Bomb fuhr M, der im Taxi gekommen war, nach Hause, lehnte vor dessen Haustür die Einladung zu einem Schlummertrunk, den M auch nur höflichkeitshalber anbot, erwartungsgemäß ab, was seinen Chef zu einem dankbaren Nikken veranlaßte. Auch M war ruhiger geworden.

„Gute Nacht, Sir, und vielen Dank“, sagte Bomb.

„Gute Nacht, James, bis nächste Woche also.“

M trat ins Haus, und Bomb startete den Bentley heimwärts durch die bleiche Vollmondnacht.

Es war ein völlig verkorkster Abend gewesen. Eigentlich hätte er mehr Freude und Enthusiasmus zeigen sollen, als sein Chef die Verleihung des Hosenbandordens in Aussicht stellte.

M war sicher enttäuscht gewesen. Aber, zum Teufel, irgendwie war ihm das alles gleichgültig. Er war einfach unzufrieden und frustriert. War ja auch kein Wunder, wenn man als Mannsbild in den nicht mehr besten Jahren schon mal den Dusel hatte, zwei so ideale Betthasen kennenzulernen, die imstande waren, die letzten Reserven in einem lokker zu machen, und dann waren es plötzlich Vampire, Geister, nichtexistente Wesen, und alles löste sich in Luft auf. Die ganzen unerfüllten Sehnsüchte eines jeden Mannes, die unterdrückten Wünsche nach Vielweiberei, die auch in jedem kleinsten Miesling schlummern – er hatte sie sich nur einmal erfüllen können, und dann – peng! – war das Tor zu diesem Paradies wieder zugeknallt.

Bomb seufzte tief, dann riß er sich zusammen. Er durfte schließlich nicht die Kehrseite der Medaille außer Betracht lassen. Wie lange hätte er denn überhaupt mithalten können? Die beiden Luder hätten ihm doch alles Mark aus den Lenden und alles Blut aus den Adern gesogen, und was erst der alte Dracs mit ihm noch vorgehabt hätte ... Nein, nein, es war schon besser so, wie es gekommen war. Er durfte sich nicht beklagen.

32

Zu Hause angekommen, fuhr er den Bentley in die Garage, ging dann in seine Küche, um sich einen letzten Wodka-Martini zu bereiten.

Den Drink in der Hand, seinen elegischen Gedanken nachhängend, öffnete er die Tür seines Schlafzimmers.

Er schreckte zurück.

Durch die breiten Fenster fiel der Schein des vollen Mondes. Mit Entsetzen sah Bomb den Doppeltorso zweier weiblicher Körper auf seinem breiten Empirebett. Eng nebeneinandersitzend, wandten sich ihm zwei von gelöstem Haar umspielte Gesichter zu, vier Brüste reckten sich ihm entgegen, vier Arme streckten sich nach ihm aus.

„Carmilla und Millarca", stieß Bomb angstvoll hervor. O Gott, sie waren auferstanden, er hatte sie nicht vernichten können. Sie waren zurückgekehrt, um fürchterliche Rache an ihm zu nehmen. Sie würden ihn zerfleischen, ihn zerbeißen, sich in seinem Blut suhlen und in seinem Kadaver wühlen. Er fühlte, wie sich seine Haare im Nacken sträubten. Schwankend und taumelnd vor Grauen versuchte er zu fliehen.

Plötzlich durchflutete gleißendes Neonlicht und perlendes Gelächter den Raum.

Miß Pimpermoney und Dr. Dreamhips saßen nackt in seinem Bett und prusteten vor Vergnügen.

Auf dem linken Nachtkästchen stand eine geöffnete

Zweipfunddose Kaviar und auf dem rechten eine Magnumflasche Champagner.

„Wir sind vor Hunger fast gestorben", rief Miß Pimpermoney und wippte entschuldigend mit ihren kleinen Titten.

„Und vor Durst fast vertrocknet", sagte Dr. Dreamhips, wobei ihre prallen Brüste sie Lügen straften. „Also haben wir den Kühlschrank geknackt", fuhr die Haematologin kichernd fort.

„... und uns etwas Happe-Happe und etwas gegen den Durschti genommen", trällerte Miß Pimpermoney albern.

Die beiden Ladies hatten schwer einen in der Krone.

Bomb saß der Schreck noch in sämtlichen Gliedern. Er fand keine Worte.

„Oh, der arme Bombsi-Junge", girrte Miß Pimpermoney. „Wie haben die bösen Mädi ihm angst gemacht."

„Er ist zu Tode erschreckt, es ist unsere Pflicht, ihm zu helfen", befahl Dr. Dreamhips mühsam.

Die beiden Mädchen schlugen die Decke zurück und schwangen ihre langen Beine aus dem Bett.

Bomb erkannte auf den ersten Blick, daß Miß Pimpermoney eine falsche Blondine und Dr. Dreamhips eine echte Rothaarige war.

Die beiden kamen in völliger Nacktheit, ohne jede Hemmung, auf ihn zu.

O Gott, nicht schon wieder, dachte Bomb angstvoll.

„Wie – wie seid ihr denn hier hereingekommen?" stammelte er, um Zeit zu gewinnen.

„Der Secret Service hat Schlüssel zur Wohnung jedes seiner Agenten, und Pimpy hat den Schlüssel zu den Schlüsseln", sagte Dreamy kichernd. „Und Dreamy hat Pimpy mit dem Schlüssel vor Bombsys Haus getroffen. Und weil wir